國寫精準命中

全面解析

最新趨勢╳寫作策略╳實戰演練

最完整的國寫教戰手冊！

臺南一中
國文科教學研究會
——主編

目次

推薦語

人有三種生命，一為身體生命，二為魂生命，三為靈生命。每個人每天在這三種生命上，皆須吸收滋養以建造完整的生命長成。所以，學校教育的課程設計、教學實施與評量，也必須要全人教育，三合一。而以人格統整和靈性發展為核心的生命情懷，來統整與聯結學科知識的鑽研與身體健康的操練，一直都是我從事教育志業的理想與實踐。竹園岡優秀青年的思想啟蒙與作文抒發，是三合一全人教育成果的彰顯，感謝竹園岡優質教育夥伴的用心指導與賞析，讓優秀青年的學習旅途，如一首人生的歌，常可自由自在地唱和；讓優秀青年的創作，如一幅藝術作品，常能隨性盡興地畫出。優秀青年在看山看水中，寫出生命的聽說讀寫，著實令人讚賞！

張添唐（臺南一中校長）

序

跟著國寫一起思考與感受

林皇德（臺南一中老師）

在臉書歡慶十週年時，網友紛紛張貼十年前的自己跟現在的對比圖。這時，有張圖片開始流傳：圖片的左邊是二〇〇九年的北極熊，毛色潔白、身形圓潤、精神飽滿，背後是廣闊厚實的雪地；右邊則是二〇一九年的北極熊，絨毛沾滿了泥濘、瘦骨如柴、兩眼無神、憔悴疲憊地拖行，後頭則是漂浮在海面上的破碎冰層。

有位學生轉貼了這張圖片，留下「好傷心」三個字，外加幾個哭臉。

我問他，除了「好傷心」之外，還有些什麼感受？他回答：「說不出來，就反正是好傷心。」

我又問他，除了「好傷心」之外，還可以做些什麼？他回答：「不知道，應該沒辦法吧！」

如果真是這樣的話，「好傷心」這三個字，未免也太過廉價！

我相信一定還有更多、更細微、更深層的感受還沒被捕捉到。傷心的程度如何？傷心的點在哪裡？這樣的傷心跟離別朋友時的傷心，有沒有不同？這樣的傷心會在你心裡停留多久？會在你的生命裡投下什麼樣的光與影？願意往自己的內心挖得更深，才有可能鑿掘出幽微深隱的那一面，讓生命的禾苗滋長。

我也相信，除了轉貼圖片和留言之外，一定還有更多事情可以做，有更多東西可以書寫。這張北極熊的對比圖，透露出什麼樣環境變遷的訊息？揭發出什麼樣的生態問題？造成這些變遷的原因是什麼？可能的解決方案是什麼？願意朝這些問題鑽研得更深入，才有可能找到根源與解方。

生而為人，我們有幸擁有各式各樣表情達意的方式，在文學、音樂、繪畫、雕塑、電影的領域裡，將我們內心那片廣闊的世界盡情的投射出來。而寫作，是最能跨越時間與空間的溝通方式，能散播到遠方，也能留傳到後世。所以王羲之在〈蘭亭集序〉中說，當他讀到古人興起感慨的緣由時，會覺得與自己的內心完全契合，他也相信若此刻留下隻字片語，後世的人也一樣能透過這些文字理解自己的心。而在網路時代，文字散播的數量和速度，只會更多更快。

或許因為多了一層「考試」的阻隔，使得很多人討厭寫作，不喜歡作文。其實大考中心設計的國寫測驗，也不過是希望學生能透過這些題目的引導，多學習，多思考，多感受。寫作的功用，就是運用表達技巧把心中的話說得更真切、更動人，或者更有魅力、更引人入勝；同時也在提醒我們，文章背後是一個人的氣度和格局，除了有技巧之外，還要努力成為一個有想法、有感觸、有深度的人。

如果你也認真閱讀大考中心對於國語文寫作測驗的說明，你會發現，這份測驗很努力與生活接軌，將理論與現實連結，將個人與社會連結，也讓個人與自己的內心連結。它希望你思考人工智慧對我們的影響，思考人類可貴的創造力從何而來；它也希望你體會玩的精神、生命意義、利他精神等，讓你更了解自己。

本書固然與考試有關，卻又不侷限於考試。就像人生必須面對考試，卻又不能被考試給綑綁住。

本書希望讓你真正了國寫測驗，明白它為什麼這樣設計，為什麼以目前的形式呈現，它希望學生擁有什麼樣的素養與能力。只有真正了解它，才有可能征服它，超越它，讓它成為生命中的養分，也讓它成為你終將拋下的泥壤。然後，你才能收起指爪，張開翅膀，飛向屬於你的天空。

全書共分三大單元：

第一單元「認識國寫」：介紹國語文寫作能力測驗的目標、內容、特色、作答方式和評分方式，讓讀者對國寫的測驗形式有基本的認識。

第二單元「寫作策略」：概略說明面對國寫時可以使用的寫作策略，並舉實例具體說明。

第三單元「實戰演練」：以大考中心的十二道參考試題為主軸，解析命題的用意與精神，並分享好文；接著再列舉相同類型的試題，供同學切磋觀摩。例題分為知性和情意兩大類，每類皆由淺入深，先列舉較容易上手的題型，再安排難度較高的題型。

這本書最菁華之處，是收錄四十八篇學生作品，展現青春世代的生命體驗，反映他們看待世界的角度。

當年，袁宏道至好友陶望齡家作客，隨意抽取架上書籍瀏覽，讀到了徐文長的詩集，一下子就入迷了，趕緊把陶望齡叫來。深夜，兩人在燈影下品讀詩篇，激動得跳起來，又讀又叫，又叫又讀，把熟睡的僮僕都吵醒了，只恨自己太晚認識徐文長。

閱讀學生的作品，也時常讓人有這樣的心情。看著這群十六、七歲的少年剖析新時代的趨勢，反思人生的意義，體會世間的善念，也透視人性的脆弱，筆鋒時而銳利如刃，時而溫柔似水，令人不覺暗暗驚呼。這本作品集正在向我們傳遞書寫的溫度與力量。許多年後，考試分數早已過了有效期限，但這些篇章仍會是夜空的星子，熠熠生輝。

現在，不管考試要不要考，就讓我們一起跟著寫作，來一趟思考與感受的旅程吧！

PART1

認識國寫

英國 Purple Feather 公司曾製作一系列關於文字力量的廣告。其中一支影片裡，有位坐在街邊乞討的老人樹立了一塊紙板，寫著：「我是個盲人，請幫助我！」但路人行色匆匆，只是走過，不願停下腳步。這時一位時髦的女士經過，拿起一支麥克筆修改了紙板上的文字，再放回地上。神奇的事發生了，看到紙板的路人紛紛掏出零錢，施捨給老人。這位女士到底寫了些什麼？

她只寫了一句話：「今天是個美好的日子，可是我卻看不見。」

「文字具有改變世界的力量」，掌握寫作，就掌握了這份力量。長遠來說，寫作測驗最長遠的目標，也是希望學習者能擁有這樣的力量。正確了解寫作測驗的內容，體會它背後的深意，我們也能更具體的提升自己的寫作力，獲得改變的能量，而不是只有應付考試。

自一〇七年度起，大學學科能力測驗中，「國語文寫作能力測驗」（簡稱「國寫」）單獨施測。依據大考中心的說明，國寫測驗配合大學選才，所檢測的乃是就讀大學所需具備的一般國語文寫作能力。這種能力不僅是國文科的專業，也是所有預備就讀大學的學生都應該擁有的能力。因此試題是針對跨學系的語文表達能力需求而設計。

簡單來說，國寫測驗不是為了檢測誰適合當文學家，而是為了檢測一個人是否具有社會生活所需要的語文表達能力。

國寫怎麼考？同學該怎麼答？為什麼這樣改？目的是什麼？它希望同學們培養什麼樣的能力呢？以下分項說明：

一、國寫測驗內容

國寫測驗共考兩題：一題知性，要統整資料，進行分析，做出判斷，表達想法；一題情意，要捕捉個人感受與經驗，表達內心情感，或發揮想像。就大考中心公布的參考試卷來看，知性與情意的題目內容大致如下：

1. 知性的統整判斷能力

(1)分析、解讀與評論：要求考生解讀、分析文字或圖表資料，再加入個人見解，做出評論，表達想法。例如從網路購物經驗的統計圖表中，分析消費行為的差異及成因；請考生閱讀馮諼為孟嘗君市義等四則事件，再分析行為背後的原因或目的；或是閱讀黃仁宇《萬曆十五年》的節錄文字，分析戚繼光戰無不勝的緣由。

(2)判斷與選擇：這類題型所提供的資訊中隱含有多元的觀點，考生必須做出判斷與評價，選擇一種立場，並舉出各項理論和證據支持自己的立場。例如請考生閱讀一段改寫自法新社的報導，要求考生分析水電工蓋內克所持有的畫作，究竟是畢卡索基於友誼所贈予的，或者是蓋內克偷騙來的。

(3)聯想與啟發：這類題型所涉及的主題通常範圍廣大，而題幹僅提供有限資訊，考生必須觸類旁通，聯結個人學識，深入思考後，再闡述個人所得。例如介紹人工智慧的想像與發展後，要求考生以「我對人工智慧的看法」為題，闡述個人見解；或是請考生閱讀達爾文發現《物種起源》的介紹，要求考生以「創造與發現」為題，說明從中獲得的啟發。

2.情意的感受抒發能力

⑴書寫經驗：這類題型會透過引文引導考生體會某種情懷，而考生必須從過往的人生經驗中尋找類似的情懷，加以書寫。例如請考生閱讀一段出自周作人〈玩具〉的引文，要求考生闡述「玩」的精神內涵，和自己對「玩」的體會，並敘述一項自己最鍾愛的「玩具」，分享玩玩具時親身體驗的樂趣。

⑵描繪想像：想像某些尚未發生的情景，並寫得如在眼前，而情景中尚須融入個人的人生體會。例如以「同學會」為題，請考生想像未來老同學見面的情景、交談的話題、感思；或是閱讀詩文作品後，設想自己是一朵花，描述生命過程與生命結果。

⑶理解世情：這類題型著重的不是私情，而是與大我、社會有關的情感，是一種大愛，或是一種個人與社會的連結。例如請考生閱讀尼古拉斯溫頓在二次

大戰期間救援猶太兒童的故事，要求考生以「我看尼古拉斯溫頓」為題，抒發感想與評論；或是請考生閱讀一段關於「世界讀書節」的介紹，再以「書和我」為題，詮釋題幹中三事（世界讀書節那顆心的標誌、公主送書給勇士、網路時代西班牙人對書的熱愛）所蘊含的意義。

二、國寫作答方式

一〇八年起，國語文寫作能力測驗的考試時間為九十分鐘，共考二題。限定時間內要寫出二篇五百字以上的文章，還要兼具知性與感性，實在是很大的挑戰。在成績採計上，二題各占廿五分；若要拿「特優」等第，二題都要拿A。因此，考生在作答的時間分配上也要留意，避免花費太多時間在某一題，而沒時間寫另一題。

在作答時，第一題要寫在「答案卷」的正面，第二題要寫在「答案卷」背面。只能寫一張，不能再拿第二張答案卷來作答。由於是採「分題閱卷」的方式評分，考生如果沒有依據這樣的答題規則來作答，有可能會使閱卷老師沒有評閱到正確的文章。

而大考中心公布的答案卷樣張中，每一面的格數是22（格）×48（行），總共1056格，格數算是十分充裕，考生不用擔心不夠寫。

三、國寫評分方式

一〇七年以後的國語文寫作能力測驗，將由現行的「三等九級制」評分改為「三等六級制」評分，一共分為A、B、C核心三級，而表現較佳的考生，則可評給A+、B+、C+。

在分數的評定上，每題滿分是廿五分，除了C級占五分之外，其餘每級皆占四分。等級與分數的對照如下表：

等第	級分	分數
A	A+	25-22
	A	21-18
B	B+	17-14
	B	13-10
C	C+	9-6
	C	5-1
0	0	0

四、國寫測驗特色

新式國寫測驗較大的特點是：

1. 閱讀與寫作相互結合

國寫題目中，常附有一則以上的引文，若是沒有引文，題目本身也會是一篇完整的文章。學生不能只是依據題目來引發聯想，還需要閱讀理解的能力，明白引文的主旨，整理、分析作者的觀點或感受，然後再給予回應，表達自己想說的話。

閱讀與寫作相互結合，代表我們不只要說自己的話，也要解讀別人的話、解讀周遭的訊息，這樣才是雙向的交流，而不是單向的傾倒。

2. 知性與情意分開測驗

國寫測驗中，「知性的統整判斷」與「情意的感受抒發」二者區分開來，一題知性，一題感性，測驗目標更明確，評分標準也可以更精緻。而考生書寫能力必須更為全方位，才能把知性與感性的題目都寫好，在兩個題目都拿下高分。如果要拿「特優」，兩題都必須要得到A等的評價。這或許在告訴我們，知性與感性沒有孰輕孰重，都是身而為人所兼而有之、不可拋棄的特質。

3. 取材來自不同學科領域

國語文寫作能力測驗的考試說明提到：「除了考量不同學系共同的語文表達

需求之外，更期望與大學通識教育『統整人格與知識』的目標相聯結。」這段話明確定位國寫的取向。國寫想檢測的，不是文字藝術的專門研究，而是現代公民普遍所需的表達能力，以及人格、知識的陶冶，因此取材也會跨越人文、社會、自然等不同學科領域。

未來的國寫測驗注重的是文字的工具性、教化作用，更重於藝術性；這代表在學力測驗的定位中，書寫的實用性將勝過文學的純粹性。

並非所有人都想當作家，都需要追求極致的文字藝術，但身為一個民主社會的公民，我們無法避免思考事物、表達意見、傳達情感。明明是與自己習習相關的事，卻不思考；明明有深刻的想法，卻寫不出來；明明有強烈的情感，卻說不出口。對許多人來說，之所以需要表達，是為了要避免上述的情況發生。國寫測驗朝書寫的實用性而非文學的純粹性來設計，某方面來說不無遺憾，但或許更適應現實社會中大多數人的需要。

PART2

寫作策略

寫作時，我們往往要考慮：自己想說些什麼？怎麼說才符合心中的期待？或者，怎麼說才能打動別人？

真正領略寫作的意義，才能找到適合自己的寫作樣態。

本章提供一些簡要的準則給寫作者參考。不過這些寫作策略並不是定律，也不是聖經，而是一塊磨刀石。如果你是一把刀，最後發亮的，仍只會是你自己。

遇到題目時，可以先解讀題目中篇章的深意，提煉出一個深遠的主旨；接著選取相應的素材，舉實例或說故事；最後運用具象語言，刻劃關鍵的細節，完成一篇文章。

一、主題要深遠：想想你要射出一支什麼樣的箭？

寫文章就像射箭，當前方升起了一座標靶，我們要思考這一局該射出一支什麼樣的箭，才能漂亮得分。

有一則流傳甚廣的故事是這麼說的：一九八三年，想讓蘋果公司脫胎換骨的賈伯斯（Steve Jobs），希望延攬具有經營長才的約翰・史考力（John Sculley）擔任總裁。史考力當時已是知名大企業百事可樂公司的總裁，完全沒必要跳槽到一間小公司。這時，賈伯斯問道：「剩下的人生，你是要賣糖水，還是要改變全世界？」這支遠大願景的利箭擊中了史考力，也為蘋果公司迎來了一位經營天才。

一個深遠的理念就像一把利箭，總是能射中人心；而一篇射中人心的文章，也往往擁有利箭般的深遠主旨。

一個膚淺空泛的主題絕對撐不起一篇好文章。在寫作時，我們必須不斷追問、探究，不能只滿足於最初始的第一印象，而要更進一步的挖掘、萃取、碰撞、敲擊，形成個人的獨到見解。心理學家榎本博明建議，下重要判斷時可以仔細參考、思索各種資訊，採用系統式的訊息處理方式。我們也可運用這樣的方式來形塑自己的觀點，提煉文章的主題。這個主題，就是一支勁道十足的利箭，在你拉滿弓弦後，疾飛而出，射向標靶。

提到閱讀的價值，只說「讀書能打發閒暇時間」，當然比不上談論「閱讀能撼動人們的心靈」；提到人工智慧的發展，只說「AI能做很多事」，當然比不上反思「AI時代裡，人類的價值何在」。下筆之前，你可以將自己擁有的知識與經驗丟進大腦的冶爐中，提煉出一個深刻的主題。

二、素材要動人：想想什麼樣的故事會吸引人？

情意類的文章往往需要一個好故事，知性類的文章也是。純粹抽象的描述情感或論述哲理，而又要談得好，需要很深厚的功力，一般人不容易做到。或許，更容易上手的方式是說一個故事。

在寫作時，與其一味繞著主旨空談泛論，不如搜尋相關的素材，以具體的實例或故事來輔助說明。故事可以是一種證據，印證自己所支持的論點，或者推翻自己所反對的觀點；故事也可以是一種產生信念、得到信任的手段，邀請讀者加入你的世界裡，一同歡笑，一同掉淚。安奈特．西蒙斯（Annette Simmons）在

《說故事的力量》中提到：「故事是創造信心的途徑。訴說一個有意義的故事就等於激勵你的聽眾——同事、上司部屬、家人，或一群陌生人——得到你已經獲得的結論，同時讓他們自己決定是否相信你的話，並照著你的話做。」

談論「做自己」時，如果你只能寫出「做自己很重要」、「我們一定要做自己」、「一個人不能不做自己」這樣的句子，那還不如想想有哪些人很努力「做自己」，再說說他們的故事。例如：一九九八年出版的《嗑樂．搞團》這本書中，介紹了一個名為「五月天」的獨立樂團。身兼主唱與詞曲創作的團員阿信，寫出了〈軋車〉這首歌，控訴著教育與社會的缺陷；〈瘋狂世界〉則反映現實的醜陋、人生的美麗與哀愁。二〇一三年，已經名利雙收的他們，所創作的〈入陣曲〉仍毫不畏懼的批判現實。也許，在許多人心中，五月天就是「做自己」的典範。如果你也喜歡五月天，如果你也曾被他們的故事感動，那就在文章裡談談他們的故事，說說你的感動。

三、文字要具體：想想怎麼寫比較有畫面？

松家仁之《在火山下》這部小說提到：好的建築師在說明建案時，不會刻意使用觀念性和抽象性的語言，也不會引述一堆讓人困惑的專業術語，而是用具體的描述加以解釋。因此，他會讓客戶可以想像完工後窗外的景色，或是冬天時陽光以某種角度射進屋裡的景象。

寫作也是如此，具象的語言更能激發想像。所以下筆前可以先想想：怎麼寫比較有畫面？這畫面不一定是視覺的，也可能是聽覺的、嗅覺的或是多感官的。

寫作時，你可以試著運用譬喻、轉化和象徵，把心中那些抽象、籠統的觀念，轉換為具體的形象，那麼作品必定會呈現另一番面貌。二〇一〇年諾貝爾文學獎得主馬里奧．巴爾加斯．略薩（Mario Vargas Llosa），以《水中魚》為自己的傳記命名。水是社會，是國家，是政治，是現實，有汙濁的泥濘，有鯊魚和食人魚出沒其中；而魚是自己，是作家，是文學創作，是追求自由的渴望，是面對世界的態度。一九九九年的諾貝爾文學獎得主，鈞特．葛拉斯（Gunter Grass）

則將回憶錄取名為《剝洋蔥》，因為「回憶就像洋蔥，每剝掉一層都會露出一些早已忘卻的事情。層層剝落間，淚濕衣襟。」簡單的比喻就涵蓋了複雜糾葛的世情與人生。

蔡淇華在《寫作吧！你值得被看見》一書中也提到「去形容詞力」。把形容詞換成名詞，把抽象換成具象，也可以讓文字活起來。例如「失戀後，我覺得孤單」，若是改為「失戀後，我是被你吐掉的口香糖」，句子便出現另一番意境。

四、刻劃要細膩：想想這個地方還有什麼細節？

有些人的文章之所以寫不長，不容易感動人，是因為只有綱要式的提點，只有籠統的印象、概略的描述。沒有細節，就難以帶領人們進入情境之中，也難以打動人。選取關鍵處仔細描寫，詳盡地將細節呈現出來，會使文章產生巨大的感染力。

奧罕·帕慕克（Orhan Pamuk）在《純真博物館》這部小說中，敘述主人翁凱末爾在訂婚前一個月背叛了未婚妻，愛上表妹芙頌。小說中不厭其煩地描繪各種細微的物件，作為一段愛情的見證。例如促成兩人久別重逢的杰尼·科隆品牌包；兩人在公寓裡第一次親蜜接觸後，芙頌不小心遺落的耳墜；四千二百一十三個芙頌玫瑰般的嘴唇所碰觸過的烟頭；芙頌家裡的電視機上放置的小狗擺設，而電視機則播送土耳其當代政局的波濤……。最後，凱末爾儘可能的將這一切物件蒐集起來，設立了一座純真博物館。這些細微小物堆積起來的，是一段沒有結果的愛情，是人性的美麗與醜陋，是一個社會的變遷，是整個時代的縮影。

好的文章常是繁簡有致，有時用略筆、虛筆，有時用詳筆、實筆。寫作時，我們不必從頭到尾都詳盡交待每個細節，但在文章的關鍵之處仔細刻劃，可以帶給讀者深刻的感受；而就算刻意描繪某些不關鍵的事物，也能營造特殊的氣息與韻味。例如寫作「二十年後的同學會」時，你可以描繪同學的面容、髮型、表情、衣著、聲調、氣味，也可以刻劃場地的燈光、背景、擺設、景致，更可以敘述餐桌上的食物、陳設、同學用餐的動作，都會讓讀者更容易走進你的想像世界之中。

PART3

實戰演練

第一大類：知性題

「讀寫合一」是新型態國寫測驗的特色，這代表同學不只要書寫看法，還要處理閱讀素材。就大考中心已公布的試題來看，知性類的題目大致有六種題型：「圖表分析」需要擷取與檢索圖表訊息，加以統整解釋；「事件分析與評論」需思考與評論短篇素材；「整段材料的解讀與分析」則是對長篇素材加以省思、評鑑。「個人觀點的表述」及「立場的選擇與論證」需明確論述個人的主張和立場。「片斷材料的統整與啟發」則是綜合運用，既要檢索訊息，又要省思評鑑，還要論述己見。

現在，我們用下圖來表示這六種題型的特質。同學可從較簡易的題型開始，逐次進階。

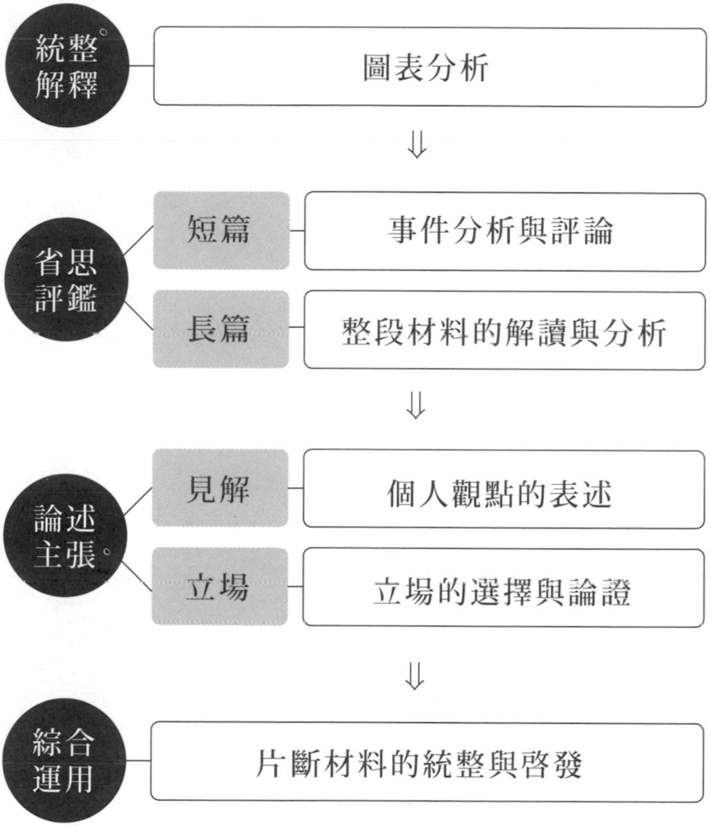
統整解釋
圖表分析
省思評鑑
短篇
事件分析與評論
長篇
整段材料的解讀與分析
論述主張
見解
個人觀點的表述
立場
立場的選擇與論證
綜合運用
片斷材料的統整與啓發

一、圖表分析

（一）國寫參考試題

題目說明

有句話你可能時常聽到：「圖表會說話。」那麼，當圖表說話的時候，你該怎麼做才能聽得清楚？

文字能傳達訊息，圖表也能，只不過是以數字、曲線、圖塊的方式來呈現。圖表分析類的題目考驗我們能否像密碼破譯家一般，判讀那些深藏在其中的訊息，並且將數據和圖象轉化成文字敘述。解讀圖表，看出這些線條、圖塊背後所隱含的訊息，就像挖礦一樣，要挖得深，挖得多，也要挖出精粹。

國寫參考試卷中，有一道題目列出兩份圖表，呈現資策會對國內有網路購物經驗的消費者所做的調查結果，要求考生比較年輕與年長族群網購比例的差異，分析原因；接著再要求考生比較「衣服鞋子配件」與「書籍雜誌」在國內外電商平臺的消費情形，推論造成差異的可能原因。

＊試題連結：http://www.ceec.edu.tw/107 施測 /02-01-107 國語文寫作能力測驗參考試卷（定稿）.pdf，或請掃描。

解題策略

圖表題的回答重點是準確描述、深入分析、陳述有條理：

1. 準確描述：明確的將圖表中的數據用文字描述出來，越精準越好，而不宜只用「很多」、「較少」這些籠統的形容。例如從網購者年齡比例表中，可以發現：20～39歲的比例加總為81.6%，40～60歲以上比例加總為18.5%。轉化成文字的話，可以這麼敘述：20～39歲的網購者約占八成，40～60歲以上的網購者不到二成。或是：20～39歲的網購者比例，約是40～60歲以上網購者的四倍。

2. 深入分析：分析或解讀圖表訊息時，可以試著聯結相關的理論或背景知識，才能展現過人的見解。像是分析網購現象的題目，可引用談論互聯網、商業模式、消費者特質的理論，從互聯網發展和消費心理等層面來分析。

3.陳述有條理：分析成因後，要能將答案條理井然的陳述出來。可分點條列，或使用「首先、其次、最後」等詞語來敘述答案。

範文

王胤勛

（一）

20～39歲的人在網購者的人數比例佔整體的77.6%，相較於40～60歲的人數比例17.2%高出了60.4%。且20～39歲的分布較平均，而40～60歲則集中於40～49歲的消費者。

兩群人數比例差異的可能原因為：

1.使用網路的頻率：現今社會的年輕人幾乎人手一機，而在網路的使用中，可能因社群軟體網站的廣告進而接觸到網購，但40～60歲使用3C較不普及，所以受到的誘因也較少。

2.對網購的信任程度：近年來網購的詐騙層出不窮，導致許多人不太敢使用網購，其中40～60歲的人更習慣去實體店面購物，加上對3C的不熟悉和網購糾紛，導致使用度不及20～39歲來得普遍。

3.購買物品的差異：20～39歲的消費者追逐流行趨勢的頻率較40～60歲多，

且對於品牌的要求和比較愈來愈多，一推出新品，大家便趨之若鶩，而這種風氣的盛行也往往與社群軟體相結合，讓年輕消費者在網購的使用次數增加。

（二）衣服鞋子配件在境外電商平臺的使用較國內高，其原因可能為：

1. 價差：許多人追求外國品牌，但商品的售價卻可能因販售地和生產地的不同而有所差異，消費者當然想用最低的價格購入，這時便會透過境外的平臺購買。

2. 流行度：有些限量或流行的款式並沒有在臺灣販售，若透過外國平臺購買便不用特地出國。

書籍雜誌則是在國內電商平臺的使用較多，其原因可能為：

1. 便利性：網路書店提供非常多種的選擇，包含電子書都可以購買得到，容易滿足消費者的需求。

2. 品項豐富：臺灣有眾多出版社，出版的書籍、雜誌品項繁多，愛書人有多樣的選擇，能滿足各種需求，也能夠輕鬆在網路上購買，不需外求。

3.運費低：在臺灣網購只要達到指定消費金額便享有免運費的優惠，但在境外的平臺購買物品則須根據物品重量來計算需支付的國際運費，而國際運費的金額極高，也讓人降低使用的意願。

陳亭夙老師評語

知性作文要求學生具備分析、理解圖表資訊的能力。分析時要以圖表資訊為根據，盡量將「數字」呈現出來，讓資訊更加精確而易於理解，儘量避免只以「大於」、「小於」方式描述。胤勛在文中能將圖表數據描述出來，並呈現兩者差距，能夠快速掌握數據可能隱含的資訊，並讓批閱者了解你對圖表的掌握。

推論部分，考驗學生對於此議題的關心與了解程度，所以課外尚須多閱讀、思索。推論原因時，容易將所有原因參雜在一起書寫，批閱者還須自己找出推論方向。但胤勛以「列小標題」方式，引導讀者能快速掌握他的推論方向，不但呈現他清晰的思緒，也能聚焦書寫，避免含糊。

（二）延伸題型

試題——校園是否應禁止含糖飲料（一〇八年學測國寫試題）

糖對身體是有好處的，運動過後或飢餓時，適當地補充糖會讓我們迅速恢復體力。科學研究也發現，大腦細胞的能量來源主要來自葡萄糖，當血糖濃度降低時，大腦難以順利運轉，容易注意力不集中，學習或做事效果不佳。不過，哈佛醫學院等多個研究機構指出，高糖飲食會增加罹患乳癌及憂鬱症等疾病的風險；世界衛生組織也指出，高糖飲食是造成體重過重、第二型糖尿病、蛀牙、心臟病的元兇，並建議每日飲食中「添加糖」的攝取量不宜超過總熱量的10％。以每日熱量攝取量二千大卡為例，也就是50公克糖。我國國民健康署於民國一〇三年至一〇六年的「國民營養健康狀況變遷調查」中，有關國人飲用含糖飲料的結果如圖1、圖2所示。

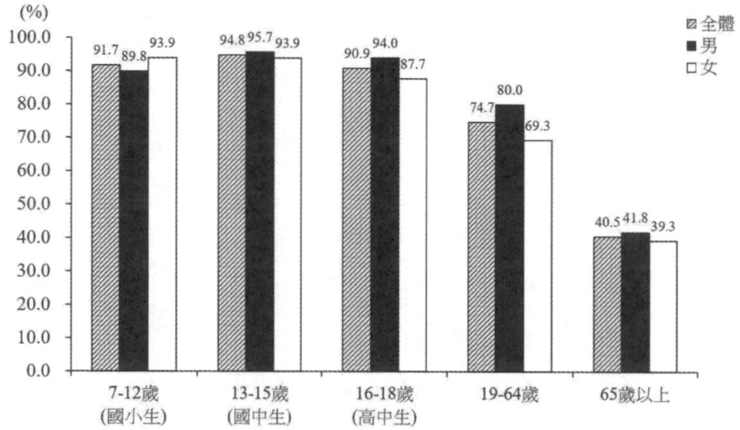

圖 1　國人每週至少喝 1 次含糖飲料之人數百分比

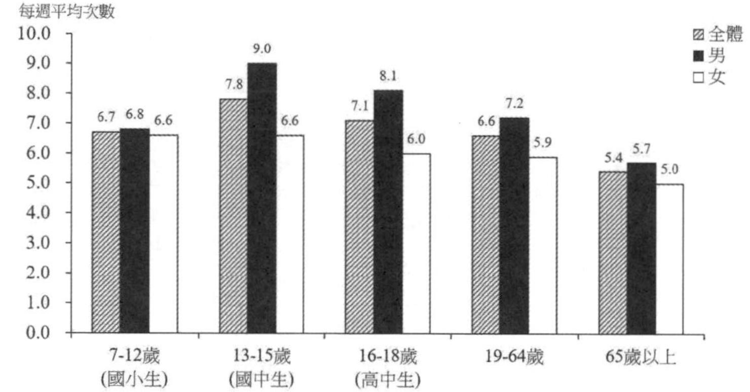

圖 2　國人每週至少喝 1 次含糖飲料者，其每週平均喝的次數

請分項回答下列問題。

問題（一）：國民健康署若欲針對十八歲（含）以下的學生進行減糖宣導，請依據圖1、圖2具體說明哪一群體（須註明性別）應列為最優先宣導對象？理由為何？文長限八十字以內。（占四分）

問題（二）：讀完以上材料，對於「中、小學校園禁止含糖飲料」，你贊成或反對？請撰寫一篇短文，提出你的看法與論述。文長限四百字以內。（占二十一分）

範文

中、小學校園是否應禁止含糖飲料

陳嘉彤

（一）

國民健康署應先對國中男生進行減糖宣導。首先，其每週至少喝一次含糖飲料的人數比例超過九成五，在比例偏高的學生族群中占比最多；此外，每週平均次數為九次，明顯高於其它群體，因此須被列為最先宣導對象。

（二）

糖的攝取，除了讓大腦分泌腦內啡，刺激情緒興奮外，也能促進養分吸收；但若食用過量，則會導致血糖不穩定或心臟血壓方面的疾病。如何適量攝取糖分，是個人健康管理的重要課題。

我反對實行「中小學禁止含糖飲料」政策。首先，糖的攝取並非全然對人體有害。中小學生身處充滿壓力的課程環境，全天候的專注學習對體力消耗極大，適時來點糖分，對學習效率是一大幫助。而更重要的是，揚湯止沸的作法只是白費力氣，釜底抽薪才是根本之道。只在校園禁止含糖飲料，卻無法全盤杜絕校外商家販售，無異是治標不治本。當學生飲用含糖飲料已成為習慣，此政策的實施反而增加學生在校外飲用的可能，與原本追求健康的立意背道而馳。

我認為政府在實行此項政策前，應先在健康教育課程中加入「減糖」的概念，教導學生有關食物中的營養成分、添加糖的用途用量等等，更要讓每位學生都會計算一天的添加糖攝取量，了解過量帶來的害處，讓學生懂得自制，成為自己的主人，為自己的身體健康負起責任。

與其一味消極禁止，不如積極輔導學生做好導健康管理。減糖政策應該從學校教育著手，按部就班實施，逐漸改變學生的飲食習慣，為國家未來主人翁的健康提供保障。

林皇德老師評語

捍衛個人立場時，必須提出充份的理由，才能使自己站得住腳。本文最大的優點便是舉出了一個關鍵性的理由——「中、小學校園禁止含糖飲料」只是治標而不能治本，可能會白費心力。

作者追溯問題的根源在於個人的健康管理，消極、片面的禁止無法給予學生全面而清晰的健康管理知識，因此無法從根源處解決問題。釐清問題的根源後，作者還提出了積極的建議——以教育取代禁令，讓學生明白過量的害處，懂得自制，才能真正解決問題。全文不只有抽象的評論，更有具體的建議，在有限的字數中傳達了飽滿的意涵。

試題——網路與學習（一〇七年學測國寫試題）

自從有了電腦、智慧型手機及網路搜尋引擎之後，資訊科技的發展改變了人類大腦處理資訊的方式。我們可能儲存了大量的資訊，卻來不及閱讀，也不再費力記憶周遭事物和相關知識，因為只要輕鬆點一下滑鼠、滑一下手機，資訊就傳到我們面前。

二〇一一年美國三位大學教授作了一系列實驗，研究結果發表於《科學》雜誌。其中一個實驗的參與者共有三十二位，實驗過程中要求每位參與者閱讀三十則陳述，再自行將這三十則陳述輸入電腦，隨機儲存在電腦裡六個已命名的資料夾，實驗中沒有提醒參與者要記憶檔案儲存位置（資料夾名稱）。接著要求參與者在十分鐘內寫出所記得的三十則陳述內容，然後再進一步詢問參與者各則陳述儲存的位置（資料夾名稱）。實驗結果如圖1：

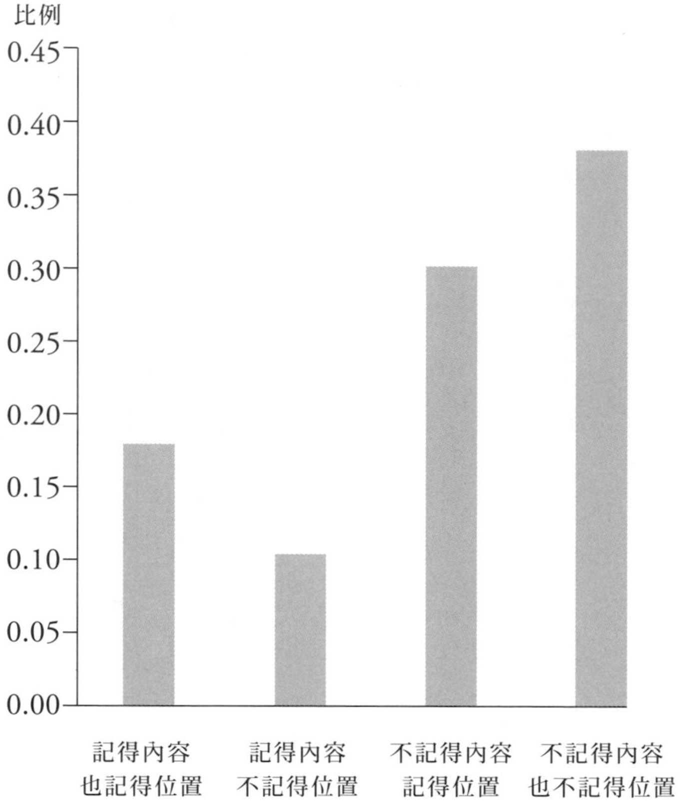
比例
0.45
0.40
0.35
0.30
0.25
0.20
0.15
0.10
0.05
0.00
記得內容 也記得位置
記得內容 不記得位置
不記得內容 記得位置
不記得內容 也不記得位置

圖 1　記憶測試結果

請分項回答以下問題。

問題（一）：有甲生根據上述的實驗結果主張：「人們比較會記得資訊的儲存位置，而比較不會記得資訊的內容。」請根據上圖，說明甲生為何如此主張。文長限八十字以內（至多四行）。（占四分）

問題（二）：二十一世紀資訊量以驚人的速度暴增，有人認為網路資訊易於取得，會使記憶力與思考力衰退，不利於認知學習；也有人視網際網路為人類的外接大腦記憶體，意味著我們無須記憶大量知識，而可以專注在更重要、更有創造力的事物上。對於以上兩種不同的觀點，請提出你個人的看法，文長限四百字以內（至多十九行）。（占二十一分）

範文

網路對學習利大於弊

許景翔

問題（一）：

就實驗數據來說，「記得內容」的人數比例約為27％，「記得位置」的比例則為49％，將近前者兩倍。而主因可能是現代人使用電腦幫助記憶，需要時再查閱相關檔案，才養成了記憶檔案位置而非內容的習慣。

問題（二）：

在這電腦與網路發達的世代，資訊的取得變得極其容易，只需幾個簡單的動作，就能叫出自己所要的訊息，而不必像以前一樣，必須為了資料四處奔波。

過去，書是人們最大的資訊來源。但若在閱讀理解時遇到瓶頸，往往無法順利的進行下去。現在，資訊取得的容易性解決這個問題——相同的資訊在網路上可能以截然不同的方式傳遞，比起以前更容易消化、吸收，讓學習新知不再艱澀難懂，進而達到內化、活用知識的目的。

另外，網路最大的好處，便是拉近全世界的距離。只要藉由關鍵字搜尋，便能飽覽世界各地的風情、特色，或是對於一件事的不同看法。當人們的眼界變得寬廣，就能激發出源源不絕的創造力，進一步活化思路，同時為自己開創出更多的可能。

或許有人會認為網際網路會讓人們的記憶、思考能力下降，但這只適用於將網際網路視為娛樂工具並長期使用的情況。當人們的大腦純粹接受聲光音效刺激時，確實會降低思考方面的能力。但視聽娛樂僅僅是網際網路的一小部分，若是單純作為長期工作後的短暫休息，其實並不會造成太大影響。我認為這樣的看法過分低估網路帶給人們的益處，有些不妥。

網際網路的方便性，除了能更有效率的吸收新知外，更讓人們能放眼全球。只要善用網際網路，便能為打下雄厚的基礎，開拓更豐富寬廣的視野與人生，因此我認為網路之於學習與創造，是利大於弊的。

梁佳雯老師評語

（一）

答題時先計算記得位置與記得內容二者之數字，並以倍數明確說明二者差距之大，且能再進一步分析為何現代人記得檔案位置的比例比記得內容來得高的原因。答題時不只侷限在數字，能有憑有據地試著分析數字背後的成因。

（二）

以網路帶來的效益乃利大於弊為立論基礎，主要論點為「網路資訊取得的便利性」、「網路資訊的多元性」、「網路能激發創意」，先站穩立場後，再擬構他者不同的看法予以辯駁，再次強化利大於弊的立場。本文立意明確、論點多元，且書寫具有層次，能使人信服。

範文

網路對學習弊大於利

許景翔

問題（二）：

隨著科技的發達，時代正蓬勃進步。一九七〇年代，科技的發展得到革命性的突破——人們發明了個人電腦。其後的二十年中，筆電、手機與網路的普及，象徵著e世代的到來。二〇〇〇年代，維基百科、Google搜尋等網站相繼成立，讓人們不再需要花費大筆時間查找，便可輕易的取得資訊。

網路是資訊的一大來源，只要手指頭一點，所需要的資訊便會自動送到眼前，因此有些人覺得不需要花太多力氣去記憶知識。但大多數人不知道的是，過度依賴網路科技幫助記憶所造成的後果，除了會減少大腦活化的機會，更可能導致智力及記憶力衰退等問題產生。

另外，有人會認為網路資訊取得容易，能讓人專注在更有創造性的工作上。

但是創造力必須要建構在靈活的知識基礎上。因此要透過大腦來理解與消化，讓知識能靈活且有效率的被運用，如此一來，才能真正達到培養創造力目的。

網路是一把雙面刃。若單就便利性來看，網路能幫助我們快速得到問題的解答，但這終究只是短期的效益罷了。我們真正需要的，是知識的內化，而這正是網路沒辦法提供給我們的。所以就長遠的效益來看，網路對學習的影響仍是弊大於利。

梁佳雯老師評語

以網路對學習的影響弊大於利為立論基礎，主要論點為「過度依賴網路可能帶來智力、記憶力衰退」、且對「網路的便利性」採取批判的角度，認為未經過內化的資訊無法形塑成知識，最後重申立場。全文立論清楚、各段層次井然，然而因主張弊大於利的論點較未能多方陳述，所以在論述的力道上相比較「網路對學習利大於弊」稍有不足。

二、事件分析與評論

（一）國寫參考試題

題目說明

一個人的行事背後往往有深層的原因或目的，行為可能反映他的精神、理念，也可能折射出某些隱晦的人性。一則事件也時常不是表面所見的那麼簡單，而可能是時代潮流的代表，或是某種象徵性的符碼。許多時候，我們需要解讀表象背後所代表的意義，才能根據這份意義來判斷這麼做好不好、應不應該、正不正確。

大考中心於一〇六年試辦的國寫測驗中，知性題便列出了馮諼為孟嘗君市義、朱家冒死藏匿季布、鐵達尼號上的士紳協助婦孺優先逃生，以及某鞋子廠商以「賣一捐一」的方式銷售產品等四則事例，要求考生分析他們行為背後的原因或目的，再加以評論。

＊試題連結：http://www.ceec.edu.tw/107 施測 /02-01-107 國語文寫作能力測驗參考試卷（定稿）.pdf，或請掃描 。

解題策略

分析或評論事件時，可以這麼做：

1. 提出評論依據：要明白物品的長度，可以用尺量；要知道東西的重量，可以用磅秤量。同樣的道理，如果想要評論一件事，也可以用一種標準、一項理論為依據來衡量。先說出你所依據的道理，再以此來評論，才算是言之有據，言之成理。例如在評論朱家冒死藏匿季布時，可先提出「俠義精神」，說明俠義精神的內含，再用來評論朱家的行為。

2. 作具體的比喻：評論時，除了哲理上的論述之外，也可以作具體的比喻。講道理的方式不只有一種，比喻也是一種運用類比推理的好方法。例如評論馮諼為孟嘗君市義之舉，乃是秉持仁心，卻無意間使孟嘗君得以避禍，這可比喻成：無心的插柳卻意外長成遮蔽自己的綠蔭。

3.聯結相關事例：要讓自己的說法更有說服力，或使哲理呈現得更具體，可舉相近的事例來印證。找找看還有什麼人也做過類似的事，說過類似的話，展現過相近的信念。例如談到「俠義精神」時，可以舉其他的俠客為例，這樣讀者會更明白俠義精神是什麼。

範文

李斯安

夤夜中的熠熠繁星，燦爛得讓人無法直視，然星子之所以明亮，不是因它的光。而是如墨的黑夜襯托了它。同樣的，人們在做一件公認的善事時，背後的動機也可能陰暗深沉的如那似水涼夜。表象似薄冰，你有時卻不忍踩破它。

在第一則事例中，孟嘗君的門客馮諼到薛地替他收債時，假稱他的命令將債券燒掉，民眾大悅。至孟嘗君被廢，到薛地時，受到百姓熱烈的歡迎。我認為馮諼所做的舉動不關乎內心的善惡，而是有目的的行動。他為了替孟嘗君收買人心而做出此一行動，也許不是真的想要行善，但在利己的同時也利人，雙贏的智慧有其可取之處。

第二則故事中，游俠朱家冒死收容了被劉邦捉拿的項羽舊部季布。而在季布當官後，朱家卻不再與他往來。朱家之所以稱「俠」，便是因為他心中自有一套是非善惡的標準。他們但憑本心行事，仗義助人，只要他們認為對的事，就義無反顧地去做。且行善事沒有目的，從他不求回報就可以看出。

第三事例中，在鐵達尼號將沈的時刻，士紳卻有禮地讓婦孺優先逃生。在士紳原始的本能中，一定有求生的欲望，但這與士紳的文化教育相違背。內心也許想「負義逃生」行為卻深深為「教養」所束縛。士紳就如豢養的狼，縱有惡念也只能表現出溫馴。

最後一個事例中，鞋商用賣一捐一的方式行善，但站在經濟學的角度上，「賠本的生意沒人做」，因此，鞋商的行為是以獲利為出發點，「行善」是獲利過程的附加品罷了。

孫紹華老師評語

本文優點在儘管是知性寫作，卻沒放過任何一個呈現畫面感的機會。前言的畫面感強，將抽象的選擇以具體的譬喻帶出。其次概要說明人物選擇的關鍵行為，能提出原則，也能提出的佐證材料。作者藉由譬喻點出有感事例的聯想，呈現對他們的評論，完成一篇帶有人文角度的溫情知性論述文。同學在下評論時，也可以先從行為聯想下手，並以譬喻去佐證你的想法。

範文

盧奕宸

1.馮諼是名官員，照理應該完全服從國君的命令，然他卻背道而馳，違逆君命，前去解放人民的欠債。從他所做的事可知：人民的生活疾苦，在他心中是重於個人及上級的私人利益，此行為可視為仁政。尤其在當時社會階級分明的世代，還能秉持官員為民服務的理念，更顯出馮諼的愛民之心，而這樣無心的插柳卻意外長成遮蔽自己的綠蔭，使孟嘗君免於危難。這呼應了現代社會中，執政者若要得到人民的愛戴支持，勢必得拋下個人利益，而以人民的利益為優先。

2.誰會涉險窩藏遭通緝的犯人？身為游俠的朱家義無反顧，顯見在他心中有一原則、價值觀，勝過對死亡的恐懼，使他出身抵抗劉邦的千萬大軍。這樣的原則正與他的身分游俠極為匹配：追求正義、不分國族。此不分敵我、以生命為重的原則，與文天祥捨生取義大相逕庭。然而，後來季布歸向敵方坐上大官，朱家卻不與他相見。由此可見，他認為生命無虞的季布不該貪圖權位，而罔顧羞恥心。

3.寒風刺骨，暗潮洶湧，面對黑暗未知的幽谷，誰能為他人縱身一躍？船上的乘客做到了。將生命給予婦孺，一方面是源自社會對士紳的期待，一方面則是源自其道德同情心。姑且不論動機與目的，將理念投諸行動，體現出人性的崇高精神——捨己。

4.現代資本主義社會，凡事以利益至上，何況是所謂的營利組織——企業？企業賣一捐一的行為，表面上是重挫利潤，屬於損己的行為，直接打臉曹操「人不為己天誅地滅」的看法。但長遠思考，利益以無形的方式——公益的名聲——回到了企業的營收中。不論動機，僅以效益論的結果而言，賣一捐一達到雙贏局面，增添社會互助合作、共享繁榮的可能性。

孫紹華老師評語

本文優點在於論證的結構性強。分析事例時，在人或事件的面向間切換流暢，同時於事例中放置情境畫面，由事例中的人物擴散到其事蹟，具備一套完整的論述。作者分析事例的方式，乃是在整理可見的行為言語後，探討抽象的動機，以社會的角度，透過人的身分或時代兩個面向找到切入點，提出對於事例的看法，加以證明及評論。

（二）延伸題型

試題——過程重要還是結果重要

一個人的行為背後，常有過程、結果、利益、道德……等等不同的考量。相同的選擇也常引來正反不同的評價。請仔細閱讀以下二則事例，並針對文中所提出的問題說明你個人的觀點。

注意：請以條列方式分別作答，並標明題號。

（一）二〇一八年世界盃足球賽的四強戰中，法國隊在1球領先比利時的局面下，進入傷停補時階段，比賽可能剩不到十分鐘就會結束。此時法國隊球員姆巴佩將球帶出界外，卻不顧裁判鳴哨再將球丟入場內，又盤球進入禁區邊緣，刻意拖延比賽時間，減損對手的進攻機會，以維持球隊的領先。當比利時球員上前要球時，雙方發生肢體接觸後，姆巴佩隨即倒地，裁判給出一張違規的黃牌。法國隊最終贏了比利時，闖進決賽，並在決賽中擊敗克羅埃西亞，奪得冠軍。姆巴佩接受訪問時回應：「他們要怎麼想，就讓他們去想吧……如果他們不高興的話，我只能說抱歉！不管怎樣，我們進決賽了。」你認為姆巴佩刻意拖延時間以守住球隊勝利的方式是否恰當？

（二）二〇一五年第三屆 U12 世界盃少棒賽中，日本隊面對尋求衛冕的美國隊，排出來的先發名單令人吃驚。不但只登錄了十一人出賽，且前四棒主力球員都未上場。原來，日本隊有七名隊員在集合時遲到，違反球隊紀律。總教練仁志敏久與領隊、教練團開會之後，決定依球隊規定讓這七人禁賽一場，只以十一名球員迎戰實力堅強的美國隊。日本隊最終以零比八落敗。仁志敏久賽後表示，這是他生涯最難做的決定，但棒球比賽不只是勝負。你認為仁志敏久堅持紀律卻付出輸球的代價，是否值得？

（以上二則事例分別改寫自三立新聞網二〇一八年七月十一日、《蘋果日報》二〇一五年七月二十五日報導）

範文

蘇煒哲

（一）贏球卻失去格調

法國球員姆巴佩在最後幾分鐘刻意盤球，為了讓法國隊保持領先而勝利。雖然他的行為並未受到嚴厲懲處，但是我認為這不是在場邊熱情吶喊的群眾想看到的。假使姆巴佩和對手正面交鋒卻被斷球、追平或逆轉，我想都不會受到責備。原因在於他是否展現運動家精神。比賽是一種競技的過程，貴在球員能夠漂亮的揮灑自己，就像百折不撓的梅西一樣，雖敗猶榮，即使輸球也不會愧對自己，反能贏得尊敬。

（二）輸球卻展現精神

少棒賽中，日本對上強敵美國，僅派出十一人且不包括主力，因為主力在集合時遲到，遭到禁賽。我認為教練團的作法並不過分，因為比賽講求團隊合作，要能合作，紀律是不可少的，若把合作當成魚，那紀律就是水，魚沒有水就不能活。如果讓違反紀律的主力上場，可能會在一場比賽中獲勝，很難保證這樣的隊伍能保持常勝。教練團的做法是放棄眼前的小利，追逐未來的大益。

以上兩則中，運動員的精神可以說勝過一切，沒有運動員精神的人能被稱為運動員嗎？

歐美瑩老師評語

二〇一八年選舉前，許多人被公投議題「是否同意」、「不同意」搞得暈頭轉向，坊間也出現了只給題號和答案的速解懶人包，無論你的「標準答案」是什麼，或許我們可以問問自己：除了表達自己「同意」或「不同意」之外，能否清楚說明我是如何做出選擇的？而面對人生各種「大哉問」，需要理性的分析與評論，必須先檢視問題，以邏輯思考的方式梳理其中的因果關係，透過類比去了解，或以對比方式進行思辨，找出心目中最好的答案，才不會讓自己輕易隨波逐流。

在分析與評論一件事時，我們需要讓他人清楚知道自己的立場和看法，因此一個完整的論證，最好能包含對主題事件的簡單敘述（讓人清楚我正在談的主題是什麼）、我的觀點和說明。對此，我們可以思考：

1. 我的觀點是什麼？（我認同？抑或反對？）

2. 我為什麼持這樣的觀點？（我認同或反對所依據的道理原則是什麼？）

3. 主張是抽象的，我能不能以其他具體的事物來類比，讓他人更清楚明白我的觀點？

4. 除了主題事件符合我所依據的道理外，還有哪些言論或事件也可以觸類旁通，支持這個觀點和道理？

本文除了清楚說明觀點，並能綜合二者相同（皆為比賽，運動家精神不可或缺）及相異（面對輸贏的態度）面向，於開頭設標題清楚表達個人評價，於文末總說貫串，說服力十足。

範文

廖國評

（一）

我認為姆巴佩這樣的做法是恰當的，理由如下：

從最表面的「規則」來看，他並沒有違規也合法的讓裁判給選手黃牌。從團隊的角度，身為陣中名將的姆巴佩極具個人能力，因此在關鍵時刻，他本來就有責任聽從教練的指示，帶領球隊用最保險的方法拿下勝利。

從追求國家榮譽的心情來看，四年一度的世界盃無疑是各國拚盡全力渴望取得的榮耀，如果在四強戰如此緊要的關頭有所失誤，送掉了近在眼前的勝利，他所要背負的可就是全法國人的罵聲了。

（二）

我認為仁志敏久的堅持是值得的，理由如下：

日本是個十分遵守紀律的國家，在世界盃少棒這種國際級的賽事中集合遲到，確實嚴重違反紀律，而禁賽這個決定是由領隊及教練開會討論出來的，因此具有正當性。

從這七名球員的心態來看，遲到也就代表他們根本還沒準備好替國家爭光，在這樣的狀態下能夠將比賽打好嗎？

將眼光放遠，能夠加入國家代表隊的少年們就像一棵棵待成長的幼苗，在生涯前期將長歪的他們導正，用深刻的教訓使其銘記，才能讓他們長為茁壯的大樹。

孫紹華老師評語

本文的優點是架構性到位，在穩定地完成題目要求之餘，還能層次分明陳述個人觀點。此外，作者能抓出事例中的特殊處，如身分、國家的立場考量，並以連貫的比喻使論述更生動具體，最後回歸到個人的明確立場。書寫評論時，可以嘗試將事例情境轉移到自身，比較兩者的異同後，進一步建立出自我的觀點。

三、整段材料的解讀與分析

（一）國寫參考試題

題目說明

一篇長文或者一本書裡，可能蘊含了大量的訊息，稱職的讀者必須抽絲剝繭，篩選重點，再加以統整分析，歸納作者的主張，才算是有效的訊息處理，也才是真正的閱讀。莫提默·艾德勒和查理·范多倫所著的《如何閱讀一本書》建議：若要理解一本書在談些什麼，讀者可以試著用簡短的句子概括全書大意，再條列全書的綱要，其次詮釋內容，找出作者的解答。而處理整段式材料的過程也大致如此。

國寫參考試題中，有一題引用了黃仁宇《萬曆十五年》中，描述戚繼光治軍用兵的段落，要求考生分析戚繼光戰無不勝的緣由，並且提出自己的評論。這樣的題型主要考驗學生對於整段材料的統整分析能力，看看考生是不是真的讀懂了文章，能夠抓出重點，並且詮釋解讀。

＊試題連結：http://www.ceec.edu.tw/107施測/02-01-107國語文寫作能力測驗參考試卷（定稿）.pdf，或請掃描。

解題策略

寫作本題時可留意：

1.條列原因：當題目給了長篇素材時，但我們不能將這些資料原封不動又重述一次，這樣閱卷者就看不出你對閱讀材料做了怎樣的處理。戚繼光到底做了什麼事才能戰無不勝？應該先針對這個問題，擷取文章裡的有關訊息。這時，你可以像平常作筆記那樣，在文章重點處畫線，也可以一一條列，例如：道德義務的勸說、固有信仰的威嚇、連坐法、鼓舞士氣等。

2.分析解讀：擷取、條列出戚繼光的作為之後，接著可以再進一步思考這些作為帶來了什麼成效，發揮了什麼功用。例如道德義務的勸說、固有信仰的威嚇，這足以「堅定作戰決心」；連坐法和嚴明的賞罰，乃是為了「打造鐵的紀律」，讓士兵緊緊結為一體。

3.歸納主旨：如果你夠細心的話，應該能發現黃仁宇的文章中，段落與段落之間是環環相扣的。使戚繼光戰無不勝的因素，並非各自獨立，而是彼此串連。因為有堅定的作戰決心，才能打造鐵的紀律；因為有決心與紀律，才能屢獲勝利，從而建立士兵的自尊自信；而自尊自信，又更加堅定部隊的作戰決心，也使紀律更嚴明。於是，我們可以統整所有因素，提出全文的主旨：戚繼光以決心、紀律和自信，組成一個勝利的循環。

範文

戰無不勝的戚繼光

廖奎燁

殺戮戰場上常勝軍的訓練過程，就像在打造一塊價值連城的玉石，必須從一塊表層粗糙、稜角滿佈的璞玉開始，而打造的工匠是重中之重。戚繼光就是那位工匠，只是手中所握的換成指揮軍隊的令牌，口中所喊的是堅毅如山的軍紀。

一個人之所以能夠稱得上是「人」，是因為具有兩項要素。其一：精神，精神賦予人意識，它是信仰和價值的泉源；其二：力量，力量是行動的支持者，有了力量，就算道阻且長，我們依舊可以克服萬難，達成目標。戚繼光治軍不僅二者兼備，甚至有過之而無不及，使軍隊緊密結合，渾然一體，就像是同一個人。

在精神層面上，他給與士卒責任感，讓他們深切體會國家培育他們、挹注經費的背後是信任他們能夠護民衞土，因此戰場上的犧牲是值得的，也是必須的。這是以道德支配情感，所謂小我與大我在將士心中已有明確的抉擇。

在力量層面上，軍隊的主力並非源於精密的武器和海量的士兵，反而是最根本的軍紀。有了信仰，接著還需鞏固它，戚繼光選擇了賞罰分明的紀律和令人畏懼的連坐法制度，將一粒粒的砂十修砌堆疊成巍峩的堡壘。沙場上，戰友和敵軍的血肉互融在冰冷的泥土上，畏戰乃是人之常情，但是這些如鐵一般的軍紀卻讓士卒們退無可退，只能拚命地往前殺。一個人向前也許只是無謂的犧牲，但是一群人，甚至一整個軍團一齊前進一步，那眾志成城的士氣就足以撼動江山了。

最後，戚繼光最為高明的手段，是將前一場勝利化為下一場勝利的養分。他賦予了士卒自尊和自信，讓軍隊氣勢高昂，在面對強悍的敵軍時能夠從容應付，最後就像滾雪球一般，成就了循環不斷的勝利，造就了一個強大的巨人。

林佩芩老師評語

一、段落嚴謹，詞彙精要

在文章的第一段，本文首先展現出不凡的起手式，以一個具體、精要的比喻帶出本文意旨，展演作者遣詞造句的能力。作者擅長運用形象化的語言來提示本文重點，最後一段也是類似的寫法。值得注意的是，此類題型因已有固定答案需要統整、回答，因此首末段其實已有固定框架與大同小異的內容，在可發揮的空間不多的狀況下，適當地以一個具體的比喻來帶出意旨，自然能夠讓文章讀來與其他篇有所殊異，顯得特出。

二、自鑄定義，匠心獨運

本文除了精警的論述語言之外，又能進一步展現邏輯清楚、推演細膩的思辨能力，讀來環環相扣，極其清晰。此外，本文最引人注目的地方是，能分析文中的各項原因以外，又能進一步的自鑄定義，文中將「人」拆解為「精神」與「力量」的集合，再由士兵心理、策略等來細膩推演論述，最終得出戚繼光成功的用兵策略讓軍隊萬眾一心，猶如同一個人。此類具體、形象化的比喻能將抽象的運思呈顯出來，在讀者心中留下深刻的印象，推陳出新。

範文

戰無不勝的戚繼光

凌凱

刀刃透著血色耀出金光，和戰士們眼神中的堅定，訴說著一場又一場攻無不克、戰無不勝的光榮戰績，似乎也透露著戚繼光如何譜出這勝利的方程式，創造出一次又一次的所向披靡。

戚繼光將從軍的理由視為對於芸芸百姓的感激。一切由感激出發，感激自己所得到的一分一毛薪餉，皆來自揮汗農民的辛勤耕作；感激處於田時辦納的苦楚艱難。唯有吸飽了感恩，明白了自己為何而戰，將每一粒蘸滿血汗的米化為英勇奮戰的力量，才能對國家人民誓死效忠，效命沙場。

接著再施以鐵的紀律，這是令將官士兵更加勇猛的最佳利器。一支軍隊若是缺乏紀律，那將是一盤散沙，部隊將成為一包即溶咖啡，遇水則溶。唯有嚴謹的紀律，才能將一群將士化為原鐵礦，在高溫的淬煉、無盡的敲打之下，打造成一把鋒利無比的劍。而連坐法更能讓士兵們體會到，大家是一個團隊，而非個人，像是一疊紙便撕不破的道理，每一份子都將連結成一柄無堅不摧的利劍。

一場場的勝利，換來的是士氣，換來的是對這支軍隊的歸屬感，換來的是厚實的自尊、堅強的信心，而這些都在彼此心中支撐起了一座穩固的巍峨高山，永遠相信著自己所處的這支軍隊，滿溢著必勝的信念、不變的決心。

將刀舉起，人人都為了這場勝利的喝采，刀刃中閃耀著的榮光，便是那不可言喻的秘密。

林佩苓老師評語

一、段落工整，首尾呼應

首段的開頭即為一種相當吸引人的寫法，直接以圖像式的「耀出金光」、「眼神中的堅定」來聚焦作者所要談的「勝利方程式」。以具體的圖景來透顯抽象的意旨，不僅能發揮帶起下文的功效，又能在最後一段中延續這個華麗的比喻，首尾呼應，整篇文章的框架自然更形華美工整。

二、論述清晰，層層深入

除去開頭的第一段與總結的最後一段以外，作者以第二段至第四段來分項說明本文的主要內容，即戚繼光戰無不勝的原因。二、三段以嚴謹的論述文字來寫作，兩段皆在開頭以精警的一、兩句話將本段所論述的重點擘畫出來，且都能進一步說明這些方法為何奏效，論述邏輯流暢且嚴密。第四段承接二、三段的思路，再次以具體圖像式的比喻、文氣沛然的排比，層層堆疊出戰無不勝的原因，再將其鎔鑄成首末段的文采，連貫一氣。

（二）延伸題型

試題——漁民的人生智慧

莊碧飛是高雄旗津的耆老，設計出許多耐用的網具。請根據下列引文，分析莊碧飛的實用設計背後所蘊含的人生智慧，並且提出自己的評論。

大概四、五十幾歲左右，莊碧飛結束了討海的生活，回到岸上，開始和父親、兄長製作漁網販售。

早期是以苧麻、棉線製作的「苓仔」漁網，因為不耐鹽水，下水後必需要曬網，使用壽命也僅有三年便需再製。所以日治時期，即以棉網為主，雖然較為耐水且耐用，但仍需要定期以一種類似番薯塊根的薯榔作染料，增強拉力並延緩腐化。

他們先向紗行批來棉絮，再找村裡的人工一起製作，這是在漁村裡極為普遍的技藝，多由女性負責，完成後便可賣到南部幾個漁港。戰後一段時間，才改成塑製的膠尼龍線。

莊碧飛長年穿著一件棉質背心，深藍灰色的西裝褲腰串著鑰匙，雖然現年已經八十三歲，但黝黑的薄皮膚下仍有寬厚的臂膀。他常坐在港邊自家的騎樓工作，椅子上放著竹製的梭子（編網針）、紡錘、網目尺、小刀、剪刀，和收納這些工具的油亮木盒。

莊碧飛並著腳坐在板凳上，默數著網目的尺寸，快速將繩線結成手持漁網，或更費時的把線索撐開，穿過梭子，構成平整規律的交叉格狀，來加強護具的耐用性。

他走到住家隔壁的小儲藏間，解開鐵鎖，推開刷成湖綠色的厚門，牆邊整齊不紊的擺放大小各異的手網，插在橘色、藍色的塑膠桶，一旁還堆放像壺狀漁簍的補蝦網具，莊碧飛用金屬增加幾層防脫設計，也是他的發明。

接著他又拿出一副寬大的手網，是專門用在每尾重達百斤的石斑大網。其上的平口網圈，是以門前的鐵器折出來，這個設計可以讓網圈貼緊漁塭底層，魚群不至向弧形的兩邊逃脫；而扁狀木桿則避免滑動，又可減少手握的施力；上面的線繩接到網底的束口，因為在撈魚後，沉甸的重量不易傾倒，可以控制開闔；網圍的尼龍繩更是鉤纏在不鏽鋼網圈上的內側，沿線覆上剖開的塑膠管，防止作業時刮到壁岸及石塊而斷開。莊碧飛靠著多年的漁業知識與經驗，研究網距技術，改良繡法、網目，構法、耐水性和防刮等細節，許多養殖業者或海產店的攤商，都特別向他訂製作手持的撈網及容器護具，他也常受到政府及民間單位的表揚與關注。

黃昏時，莊碧飛坐在門口，隔一條水泥鋪成的馬路是中洲漁港，停靠的是玻璃纖維製的近海漁船。他說，過去叔叔將蚵殼傾倒在海岸，久而久之，囤出了這條路。偶爾，他會放下手邊的工具，規矩地收好，再沿著港邊這條小路，穿過漁民歇息的卡拉ＯＫ亭，回到旁邊紅磚造的祖厝看看。

（節錄自林佩穎、李怡志《港都人生：旗津島民》）

範文

漁民的人生智慧

林郁晉

海風帶著潮水的鹹氣，吹拂著旗津島的街頭。漁人們搭乘船隻進出港口，一如海水不斷地潮起潮落。島上忙碌的氣息，拖拉著討海人的啟程與歸航，泡沫似地漫入島上萬物的體內，勤奮耐勞也就理所當然成了漁民生活中的一段基因，並代代相傳。而當多數漁民在海上操持著輪船打撈漁貨時，有位漁人走下了漁船，踏上礁岸，鑽研於網具的改良，並致力於漁獲量的改善。他，是旗津耆老——莊碧飛。

在四、五十歲時，他下了漁船，專注於漁網的販賣。雖然從早期的棉網到近代的尼龍網，網具的耐用性已大幅改善，他仍不斷地走在改良的路上。在設計上，他靠著自身捕魚的經驗和知識，針對漁網在作業時存在的微小缺陷進行改造。在大網上，他就地取材，以家中門前的鐵器為網具凹折出鋼圈，使網具在海底打撈時，儼然入彀的魚群不易從兩側脫逃；而對於圍網上的尼龍繩，他則將身旁隨處可得的塑膠管剖半並覆上沿線，如此的輕巧設計可降低收網作業時漁網因刮磨壁岸而破漏的可能性，進而防止辛苦捕獲的網中魚再次逃脫。莊碧飛，拾取身旁隨處可得的素材改善了漁網，不但使廢棄的資源重獲利用，大大地降低了辛苦漁民在網具上的額外開銷，更務實性地在漁民的生活上達到了「開源」與「節流」。莊碧飛的網具改良，在在透顯出漁人樸實惜物的堅韌性格。網具改良，改良的不僅僅是物質性的網具，而是漁民面對艱難生活所淬煉而出的人生智慧啊！最低的資源浪費與最大的魚獲效益是多少代討海人在風起雲湧的海上所磨難出來的智慧結晶，並且代代相傳，世代累聚。

從網具改良出發，我所見到的是一份真正愛物樸實、珍惜資源的勤儉身影。漁民，不怨天，不尤人，從生活中的挫敗處重新爬起，由本身的實務經驗著手，隨遇而安的外表下其實是一顆無比堅韌、不畏磨難的奮鬥之心，僅以最適當而簡便的材料務實了生活。海風仍鹹鹹地吹著漁民飽經風霜的黝黑肌膚，一船船滿載的漁船隨著夕落而歸，岸上的漁人並未因返航而歇息，而是繼續以樸實理網、補網，織就了自己與一家子的大半生。島上的海風不息，漁民的人生智慧也終將代代傳承，流轉不斷於海浪的潮起潮落中。

辛佩珊老師評語

能統整引文材料，具體分析莊碧飛實用設計中所蘊含的巧思，並進一步由莊碧飛事例延伸探討漁民生態，從而歸納網具設計背後所透顯而出的人生智慧，由小見大，由個人莊碧飛推而論及漁民生活哲學，層次井然，脈絡分明。

範文

漁民的人生智慧

張育榮

就如王爾德曾經說過：「有許多品德美好的人，如漁民、牧羊人和農夫、做工的人，儘管他們對藝術一無所知，但他們才是大地的精華。」平凡人或許無賢者般的大智慧，但人生所積累的經驗，卻構築出獨特的庶民巧思。

這些巧思，往往藏在生活的細節中。莊碧飛，原本是一位討海人，見識各種巨浪、捕過各種魚類，回到岸上後，將其人生前半段所經歷的大風大浪，濃縮至一副副漁具。在最基本的漁網上，他費心地結出整齊的交叉格式，既防止網目有大有小，又可使魚群衝撞所承受的壓力分散到最低。從此小細節便看出莊碧飛對於漁網的了解，早已經烙印在本能裡。另外，在特殊的石斑大網上，鐵製平口網圈則充分顯示莊碧飛對大型魚的加速力道有所預測，同時搭配扁狀木桿，增加桿與網間的摩擦力，使漁夫能夠毫不費力地捕撈。甚至，莊碧飛還在內側加裝了尼龍繩和塑膠管片，大幅增加漁網的耐用性。

從莊碧飛身上，我感受到當人生經驗融入生活中，便能化腐朽的材料為不朽的構思。回想自己的養魚經驗，有一次家中水族箱的幫浦故障，魚兒面臨氧氣不足的困境，兩三隻金魚翻起白肚。焦急之餘，我想起平日以打氣機為自行車輪胎補足空氣的經驗，便將打氣筒的管子深入水中固定，接通管路跟出水管，讓管路流通順暢，便可開始供氣，就是如此一個平凡的舉動，結合一些常識，魚兒即可倖免於難。

因此，如同羅丹說：「生活中不是沒有美，而是缺少發現美的眼睛。」同理，「生活裡不是缺少知識，而是缺少開啟的鑰匙。」生活中，並不缺少解決問題的工具，而是缺少那由人生智慧所沉澱的巧思，只要平時多關注周遭事物，或許，世界的未來將因你而偉大。

林文瑜老師評語

這類知性題的寫作可以從不同面向切入，深入分析，層層推論，一定要周全照應引文中的資料。但是所有的要點都要聚焦歸納於一個核心主題，否則就會枝蔓冗贅。在提出評論時要客觀中肯，以小見大，格局要高，立意要深邃。

育榮以名言破題，揭示本文的核心主題，是知性題很成功的起筆方式。第二段首先從人物中的人生經歷敘寫到製作魚網，其次從環境的觀察中去改良精進，最後運用巧思成就不凡的事業。在統整分析引文中的資料，可謂面面俱到。第三段的起筆先總結前文再以個人經歷加以連結觸發，段落承接順暢。結筆也以引言作結，首尾相呼應，也提升文章的格局。全文行文流暢，條分縷析，用辭質感佳，人物的形象也鮮明深刻，充分體現出漁民從生命經驗中所展現的人生大智慧。

四、個人觀點的表述

（一）國寫參考試題

題目說明

由於人工神經網絡技術、演算法和機器學習的運用，使得人工智慧的發展突飛猛進，在資料的儲存處理以及邏輯分析推算方面，遠勝人類大腦，進逼工業、服務、科學、法律、金融、醫療等領域。人工智慧很可能為人類社會帶來巨大的改變，例如：無人駕駛的技術成熟後，若結合交通網路的規劃，將可大幅減少車禍事故，同時使路上行駛的車輛減少五成以上，降低汙染，節省能源。但與此同時，汽車工業的營收也會大幅衰退，大量的公車、計程車和貨車司機也會面臨失業的困境。

人工智慧是當前的熱門議題，國寫參考試題中，就有「我對人工智慧的看法」這一題，先引述科學家和文學家對人工智慧發展的預測，再要求學生表達自己的看法。

人工智慧只是當代眾多議題的一項，身為自由民主社會的公民，我們比古人更有機會參與決策，表達意見。國寫試題當然也會順應時勢潮流，引導我們思考切身相關的當代議題。

＊試題連結：http://www.ceec.edu.tw/107施測/02-01-107國語文寫作能力測驗參考試卷（定稿）.pdf，或請掃描 。

解題策略

面對一項議題，若要提出獨到的觀點，至少可以做三件事：

1. 深入了解：充份了解後才能深入剖析。在下筆寫作之前，要先充實自己的背景知識，閱讀相關書籍和報導，汲取專業人士的見解。若對議題不了解，就不可能看見它的遠景。

2.剖析利弊：有了基本認識之後，可再進一步就「利」與「弊」兩層面加以剖析。你可以製作簡易的表格，列舉人工智慧的發展對於人類的生活、個人的價值、社會的運作等方面帶來什麼樣的幫助，而連帶的威脅又是什麼。

3.提煉觀點：觀點的形成就像冶鐵煉劍，先有胚胎雛形，再經過千錘百煉後逐步成形，最後再削光磨利。對於一項議題，在經過深入認識與具體剖析後，還需要反覆辯證，才能形成自己的理念和想法。而感想的表達不宜只有空泛的贊成或反對，必須設想得更深入、更具體、更細微，思考人們該怎麼做才能去弊取利。例如有學者認為人類可以向人工智慧學習，突破傳統的思考路徑，帶來創造力；也有人認為不必過度畏懼人工智慧的發展，而要將「取代」轉為「協助」，才能帶來最大利益。

範文

我對人工智慧的看法

魏竣瀚

試想，當晨曦照在臉上，而叫你起床的是身旁一架「人工智慧管家」；到學校的巴士沒有司機，而是自動操作車輛的「人工智慧駕駛」；走進教室，沒有老師也沒有黑板，大家紛紛拿出專屬的眼鏡，馬上就有「人工智慧教師」生動地契合同學的能力，給予適性教學，那究竟會是怎樣的場面？而更驚人的是，這可能是短短不到百年後我們的生活場景。隨著人工智慧的進步，人類要想的不是如何掌控「他」，而是如何創造自己的獨特性，才能避免被機器超越。

牛津大學的研究報告指出，未來百分之七十的工作將可能被人工智慧所取代；而由今年三月轟動世界的「人、機圍棋對決」來看，人腦早已跟能快速運算的電腦間有了決定性的差距。可以肯定的說，未來被取代的職業包括需大量處理數據的金融業，或有固定程序的醫療診斷，和可以靠程式輔助達到最安全的駕駛業。面臨人工智慧所帶來的衝擊，人類還不需害怕，因為現有的自動化設備背後，都是由人寫出的程式碼賦予機器靈魂；然而，人類也該是時候覺醒，對自己發問：究竟什麼是機器無法取代的東西？

在我看來，機器缺少了「創造」、「美」、「感情」。缺乏創造，所以人工智慧只能讓現有的工作加快，而無法做出改變世界的發明；缺乏發現美的心靈，所以人工智慧只能在碗內辨識土豆，而無法領略四季繽紛之別；缺乏感情，所以人工智慧只能重組文豪筆下的文字，而無法自己寫出動人心弦的文章。縱使未來人工智慧再怎麼進步，只要我們能保有人類的無限性，便能凌駕於人工智慧之上。

在電影《機械帝國》中，高智商的人工智慧屢屢大敗人類軍隊，而最後卻因為無法解析人類的情感而死在一連串情詩所構成的通訊密碼之下。期許在未來，人類能夠珍惜自己得天獨厚的靈魂，才能驅駕人工智慧這匹猛獸而不被反噬。

黃子容老師評語

個人觀點表述類關涉的議題十分多元，除了平時廣泛閱讀、提煉觀點外，寫作當下如何具體呈現個人深刻觀點是決勝關鍵。

人工智慧的利弊大家都能泛泛而談，但竣瀚可以掌握人類的不可取代性——從創造、美與感情三方面，具體點出「機器」和「人類」的根本差別，勾勒人類獨有的心靈圖景（關乎創造的無限、美的領略與感情的峰迴路轉），觀點深刻，別開生面。在這樣的論述下，自然而然帶領讀者相信人類將可駕馭人工智慧大軍，善用人工智慧，勾勒出以人為帥的人工智慧大未來，發人省思。

範文

我對人工智慧的看法

趙維琪

現代科技日新月異，人工智慧技術不斷推陳出新，幾乎已完全融入我們生活，大至智能駕駛，小如隨手觸及的智慧型手機，人工智慧帶給人們前所未有的便捷，但是否亦潛藏著危機呢？

近來各種媒體皆對此議題有所著墨，觀點兩極化。俗話說：「水能載舟，亦能覆舟。」這類顛覆以往的高智能產品亦可能導致嚴重問題，例如：近來盛行的無人商店、無人駕駛，或許看似帶給民眾更多便利，卻已波及原本以此維生的勞動人口，他們的生計頓時被科技的洪流淹沒，喪失了維繫生活、家庭的憑藉。人工智慧大幅取代人力，已改變了原有的社會結構，未來它們是否會衍生出更多的問題呢？

對此我深感憂心：優勢的人工腦逐漸替代傳統人力，不僅將導致高失業率，亦會促使貧富差距擴大；看似方便的無人商店，隨手一刷即完成消費，但同時，您的個人消費偏好甚至私人個資將被雲端建檔作為「大數據」，這些細節中可能藏著魔鬼，而我們將在無形中被時時監控著。手機的改良愈趨人性化，貼近你我，彷彿一機在手便知天下事，殊不知也因此漸漸與家人、朋友疏離。手機憑藉其強大資訊能力，使我們不需要再透過與周遭朋友討論獲得消息，與手機「結拜」即能迅速得知。這使我們失去與親人相處機會，少了結識良友的機緣，更可能在受人工智慧制約後，逐漸喪失自我意識與想法。

「科技始終來自人性」，這是當初人工智慧開創者們的設計初衷，對於人工智慧的存在究竟該是褒抑或貶？我想答案見仁見智，但我們應保持原先創作的理念，將其視為輔助人類的工具，切勿濫用，做好風險管理，「人工智慧」與人類的和平共存，將是身處地球上的你我所需共同努力的課題。

陳曉薇老師評語

人工智慧的利弊及使用方向是現今人們所必須正視的課題，有人樂觀以對，有人憂思不已；本文作者明確表達對人工智慧的看法，並透過合宜的事例來鞏固自己觀點，文章主軸清晰易懂，是篇有見解的論說文。

（二）延伸題型

試題——我對共享經濟的看法

共享經濟是將人力與資源透過有償條件與他人共享，它可使原本閒置的資源獲得更充分的運用，也可增加許多獲利的管道，提供更多的服務機會。

例如Airbnb（房間共享）讓人刊登房屋短租的訊息，將閒置的房間或屋舍提供給有需要的人，屋主可收取租金，而有住宿需求的人則可解決現實問題。在Airbnb出租的房間包羅萬象，有草原的帳篷、極地的冰屋、夢幻的城堡、愜意的樹屋等。Airbnb名下沒有任何一棟旅舍，但它可說是目前全球最大的「旅館業」。

Uber（乘車共享）則提供載客車輛租賃及共乘的服務。不論你來自哪個行業，只要有多餘的車位和空閒時間，就可以擔任業餘司機。乘客可解決交通問題，而車主可增加收入。《共享經濟時代》更指出，如果世界上百分之五十的車都在行駛，沒有閒置，全球所需的車輛數目就可以減少百分之九十二，不但解決城市交通壅塞的問題，也減少能源浪費。

當房價越來越高，許多人就算工作一輩子也難以購置自用住宅時，共享公寓的模式便開始流行。許多人合力租下一個生活空間，分攤租金與家務，各自付出心力卻又彼此串連，相互照應。個人擁有生活的自主自由，卻又與他人互惠互利。另有學者提到，若資產也能共享，可減輕分配不均的社會問題。

但是共享經濟並非全無問題。透過共享經濟的模式，有些公司收取豐厚的利潤，卻規避應承擔的風險，推卸應負的社會責任。例如有些平臺業者與資源提供者之間，並沒有直接的勞雇關係，平臺業者不必像一般企業的資方一般，承擔勞方的福利、照顧、安全、保險、薪資保障、退休等責任。許多業者便藉此剝削資源提供者與服務者，坐收暴利。《共享經濟沒有告訴你的事》一書便舉出種種實例，說明有些共享經濟公司打著「分享」的旗號，實際上是鑽法律漏洞，逃避監管，壓低勞動者的報酬，甚至會出賣使用者的安全與隱私，枉顧團體和社會的利益，破壞人際信任。

而使用者自私自利的心態，也會使共享的美意變質。例如《自由時報》曾報導：在深圳放置的三千萬把共享雨傘，沒幾天就被民眾拿光。在重慶所設置的共享單車，原先有一千二百台，幾個月後剩不到一成。

究竟共享經濟會為人類社會帶來什麼樣的改變？造成什麼樣的影響？人類又應如何面對這個新的經濟模式？請以「我對共享經濟的看法」為題，寫一篇完整的文章，闡述你的見解。文章必須包含對以下二個問題的回應：

（一）共享經濟可能為人類社會帶來的利與弊是什麼？

（二）共享經濟成敗的關鍵為何？

（僅需在文章內容中回應上述問題，不必分項列點回答。）

範文

我對共享經濟的看法

蔡宗霖

全球已然進入了一個嶄新的世代——經濟急速發展、生活習慣的巨變以及價值觀的扭轉……，我們的前方是一片看似耀眼、充滿意義卻又難以預知的未來。不甘在一個意義未明的時代潮流裡泅游的學者、專家們，奮力為其立下一個清晰的註解。

其中一個最有趣的註解即是——共享經濟。

共享經濟建立在一個有償資源交換的基礎模式上，讓高速奔騰的社會機器更有效率地運作。藉此，人們也更容易尋求金錢來源，增加收入管道。而在節流方面，因為大部分的財貨都可經由共享的模式分享共有，老百姓的支出將有明顯的縮減。我們可以說，共享經濟完美地做到了「開源節流」，經濟水平的突飛猛進似是可被預期的。

但致命的正是：這是制度下的一種分享。請別忘了，施予者會選擇分享，正是因為他渴望因分享而得到金錢上的反饋。共享經濟無異顛覆了傳統社會的思維，新時代的標語彷彿被註解成了「付出，而必有回報」。分享，是身為一個人的天生擁有的善念，原應是一種美的本性。然而從純粹的善到利益取向——共享經濟恐怕將徹底改變一個人最初選擇分享的動機，褻瀆這件事本身的善與美。這樣的潮流趨勢無異於高舉著分享的大纛，但腳下卻無情地糟蹋了一種美德原先被賦予的美好意義。

然而此罪名是可以被避免的，成敗便在於人們怎麼去面對這項新的經濟模式。我們必須學會釐清並進一步去區分所謂的無償或有償，請別擅自將每一次的分享都鍍上金錢的枷鎖。制度以外的分享是善的交流，是促進人與人之信任的助力。有了這股煦暖的力量，社會才能穩住腳步勇敢地向前奔馳。倘若純真的美德頹然消逝，縱然有再高的經濟水平，人也只是獨以金錢為糧食的活屍。共享經濟中絕不能棄絕無償共享的美意，否則一切都將成為枉然！

在前方仍是未知之時，先充分理解共享經濟為世代所下的註解吧！善與經濟共同發展、不互相戕害，這套簇新的經濟模式，才得以窺見希望的曙光。

辛佩珊老師評語

能掌握引文中所述之共享經濟的概念，並透過共享經濟所帶來的利與弊來思索它可能對世代的影響，進而提出個人的觀點——保有共享二字本身之美善，極富深意。唯第五段述及共享美意之做法可再提出具體建議，文章更具說服力。

範文

我對共享經濟的看法

鄭以新

古人云：「水能載舟，亦能覆舟。」任何事物都可以像水一般，既能灌溉大地，亦能淹沒生命，就看使用者如何運用了。而誰能告訴我——「分享」，究竟會使世界成為神話裡的烏托邦，還是比十八層地獄還險惡的煉獄呢？

共享經濟似乎像一隻神奇的畫筆，沾上了些戰國時代墨子兼愛思想的顏料，和一些馬克思社會主義的色彩，稍稍點綴了以資本主義為底色的二十一世紀。但共享的概念，並非只出現在人類社會中。在大自然裡，珊瑚和藻類的互利共生、螞蟻和蚜蟲的互利共生等等，彷彿在告訴人們，共享並非人類獨創，而是女媧造天時就已存在的觀念。共享經濟，就像互利共生一般，造福著參與其中的人事物。房間共享，使有住宿需求的人解決問題，屋主亦可獲利；乘車共享，使乘客解決問題，也解決交通壅塞，減少能源浪費。除了以上例子，還有更多共享經濟帶來的好處，不只能解決人們需求，還能造福環境，真可謂一石二鳥。

共生在自然界中，也有負面的例子，例如人類肚裡的蟯蟲，只對蟯蟲有利，對人類卻有害，這種「寄生」的負面情況，何嘗不也出現在共享經濟這樣的經濟模式？表面上雙方獲利，法律上卻無任何條文來規範業者行為，他們不必承擔一般企業的責任，許多業者便藉此剝削服務者，坐收暴利，受害者也無從反抗，也失去對社會共享甚至對社會本身的信任。

是什麼讓本美好的互利共生成了寄生呢？又是什麼使優美和諧的共享經濟變了樣？我們不能責怪為何沒有法律來約束它，在共享中，人們自利自私的心態像癌細胞一般，使它變質。

只有當人們懂得站在他人立場為他人著想時，共享經濟才能從易碎的玻璃成為堅硬的鑽石。

黃大偉老師評語

全文理據、文采兼具，可圈可點。先以載舟覆舟為喻，帶出可能截然不同的結果。中幅從大自然動物共生有互利共享，也有私利寄生，得到啟示和省思，而回到共享經濟的利弊問題，最後以提高道德水準來杜絕流弊，確保共享經濟的品質和成果。

五、立場的選擇與論證

（一）國寫參考試題

題目說明——畢卡索對蓋內克的贈與

辯論場上，立場不同的兩組人馬常是你來我往，激烈攻防。民主社會裡，人人都有表達的自由，主張不同的情形乃是常態。諸如核電、多元成家、國際關係、勞資關係……等方面，都能聽到不同的聲音。若要站穩自己的立場，說服別人，必須蒐集有力的事證、理證，交織綰合，再轉換成有力的陳述。

國寫參考試題中，便有一道屬於立場選擇與論證的知性題，引述了畢卡索贈送二百七十一幅畫給水電工蓋內克的報導，要求考生在「友情何價——曠世大畫家對工人朋友的慷慨餽贈」與「精心計畫的騙局——畢卡索失竊畫作重現江湖」這兩道對立的題目中，擇一寫作。

＊試題連結：http://www.ceec.edu.tw/107施測/02-01-107國語文寫作能力測驗參考試卷（定稿）.pdf，或請掃描。

解題策略

回答此題時可留意：

1. 選定立場：題目提供了兩個相對的立場，而你只能選擇一種，不能模稜兩可。

2. 蒐集證據：依據自己的立場，從題目所附的文章中尋找支持的證據。兩方的支持理由可以整理成下表：

	理由
友情	1. 蓋內克與畢卡索情誼深厚，不同一般 2. 畢卡索喜歡單純的人 3. 畢卡索精明且記憶力驚人，若失竊兩百七十一幅畫作應會察覺 4. 畢卡索兒孫為爭奪畫作而興訟，可見畢卡索身邊充斥逐利之人 5. 蓋內克將畫作放了四十年，沒有轉賣，代表他並不清楚畫作的價值
騙局	1. 贈與二百七十一幅畫作，數量太大，不合常理 2. 蓋內克將畫作放了四十年後才拿出來鑑定，不合常理 3. 夫妻說法有出入，蓋內克說畫作裝在紙箱裡，妻子卻說是一袋 4. 畢卡索會在贈畫上簽名，但蓋內克持有的畫作有些沒有簽名 5. 蓋內克若不知道畢卡索的畫作可賣出高價，又怎麼會拿出來鑑定

3.詮釋證據，提出看法：拿出證據後，還要解釋證據所代表的意義，提出一套自己的說法，也可反駁對方的理由。例如蓋內克將畫作存放了四十年這一點，可以解讀成蓋內克真的不清楚畫作的價值，沒有帶著利益的眼光對待畢卡索；也可以解讀成不合常理，對於重要他人的饋贈怎會不聞不問，任其塵封四十年？

4.陳述有條理：把自己的意見分類整理後再陳述出來，較有條理，也能展現自己處理訊息的功力。

範文

精心計畫的騙局——畢卡索失竊畫作重現江湖

李承昱

身為近代舉世聞名的畫家，畢卡索的畫作在他過世後仍惹出不小風波。水電工蓋內克聲稱他所擁有的畢卡索真跡為畢卡索親自贈與；而畢卡索的繼承人則指控這些畫作的來源並不單純，甚至幕後有跨國走私集團在主導。

仔細閱讀被告蓋內克與原告畢卡索後人的證詞，不難察覺事有蹊蹺。首先，蓋內克表示畢卡索送了「一箱」的畫給他，然而他的妻子卻說蓋內克當時拿了「一大袋」的東西回家，兩人的說詞明顯矛盾。再者，畢卡索真的會「一次」送人兩百七十一幅畫作嗎？就算是送給親信，也應該會顧及對方方便而分批送，這也明顯不符合人情常理。此外，畢卡索並不是近期才一夕成名，蓋內克不可能在四十年後才了解他的名氣，那麼究竟為何過了將近半個世紀才把這些作品拿出來鑑定？最後根據畢卡索兒子的說法，畢卡索會在贈送或出售作品前署名，那麼這些沒有簽名的畫作顯然違反常理。

依據上述理由，我認為這是走私集團為了將這些贓畫漂白而設計的騙局，而蓋內克便是他們的同夥。這種利用友情、愛情、甚至是親情而設計的謊言在世風日下的現代社會其實屢見不鮮，從騙財騙色到殺人詐領保險金，無一不是身旁關係親密的人所為，然而這群人往往是我們不會加以設防的。

正所謂「害人之心不可有，防人之心不可無。」我們應該小心辨別、識清眼前的人是否值得信任，而不是一味地毫無保留將自己重要的事物託付給他人。以畢卡索的事件為警惕，使我們更不容易被虛偽的面具所欺騙，相信畢卡索在天之靈看到蓋內克如此作為，肯定也會怒髮衝冠。

馬蕾萍老師評語

作者從蓋內克與妻子的說詞矛盾切入提出質疑，進而舉出諸多有違人之常情的作法以示疑，說明畢卡索失竊畫作重現江湖。全文論述有據，脈絡清晰明暢。

範文

友情何價——曠世大畫家對工人朋友的慷慨饋贈

董育丞

水電工蓋內克持有二百七十一幅畢卡索畫作一案，鬧得滿城風雨。蓋內克一方主張畫作為畢卡索所贈與，而畢卡索的親人則堅持其為竊盜行為，雙方各執己論，最後蓋內克被法院判決敗訴。我認為就雙方所提出的論點，親人一方說詞不合乎人情且漏洞百出，因此我支持蓋內克的畫作為饋贈所得。

首先來看畢卡索之子，他認為父親贈畫前一定會簽名，且蓋內克夫婦兩人說法相互矛盾。就我的觀點來看，蓋內克夫婦兩人年事已高，再加上此為四十年前的往事，事情的原委細節早就被時間沖淡，說法稍有出入也非不近人情。且雙方原來為好友，甚至稱蓋內克為「小表弟」，可見其關係親密，以最能展現誠意的畫作相送，也合乎情理。其次是孫女和律師，孫女和祖父的相處時間較短，不可能完全了解祖父的交友圈，因此不能推定祖父不會把為數不少的作品贈人。律師則是一派胡言，說法毫無根據，語氣半猜半疑，辯駁軟弱無力。我認為若蓋內克背後有龐大集團，他何必冒險一人走私為數眾多且價值不菲之畫作？他大可分散贓物，降低敗跡風險。

被告則心思單純，立論堅定。蓋內克解釋詳細，自己和畢卡索的關係交代清楚明白，其妻子則是局外人，不清楚事件也是理所當然。律師則又為被告提供了加強論點，畢卡索精明且記憶驚人，要偷其作品根本是難於登天。我則認為蓋內克不懂藝術，憑單人之力根本無法辨別畫作的好壞，何況偷一箱作品實在是太引人注目。再者，如果他是用偷的，根本無需公開鑑定，這壓根兒不符合走私的定義，若他要得利，也無需等待四十年。基於以上論點，我堅信蓋內克是清白的，畫作確為饋贈所得。

畫作，不過是畢卡索給予摯友最富誠意的禮物罷了。

馬蓸萍老師評語

首段直接破題表達己見，寫出立場。第二段根據人之常情就事理分析，透過「首先—其次」，最後用「我認為……」作出判斷，以呼應首段論見，層次有致，脈絡清晰。第三段就蓋內克心思單純論無力構思精密的偷畫、藏畫之策，堅信蓋內克是清白的，畫作為饋贈。末段之語正是友情何價的最感性結語。

（二）延伸題型

試題——年輕時適合做什麼

甲

旅行作家劉哲瑜（藍白拖）在他廿八歲那年，累積了三十萬存款時，毅然決然向公司辭職，為自己規劃了一趟環遊世界的旅程。

他認為：「人生，才是你真正的正職。」如果旅行能使一個人找到全新的自己，找到未來的方向，使人生更有意義，那麼就算投入全部積蓄也是值得的，沒有必要為了年紀變大和沒錢感到焦慮。

很多人認為環遊世界是等到自己存夠了錢、退休之後才有資格做的事。但劉哲瑜覺得：「趁年輕，身體可以自行控制時就走出去吧；老了，等身體不受控制時想爬也爬不出去。」「人生」不只是以後的事，也是現在的事。如果旅行能使人生更豐富，那就應該立刻去做，不必等到老去的時候。

他還認為，真正的焦慮來自「對未來的不安全感」，並不是來自沒錢。如果連出國這件事都不敢闖，未來還有什麼敢闖的？不需要害怕沒錢，因為年輕就是最好的本錢。

乙

《有錢人想的和你不一樣》的作者哈福．艾克（T. Harv Eker）曾說：「如果你不是全心全意、真心真意想創造財富，那麼你很可能創造不出多大的財富。」因此，存錢要趁早，投資理財必須及時去做。許多人在年輕的時候追求享受與刺激，毫不吝惜的花光自己的收入，到了中年以後才開始想要儲蓄，才開始學習理財，這已讓自己白白錯過寶貴時光。

年輕的時候應該積極提升職場專業能力，讓自己的知識和技能脫穎而出，成為無可取代的人。同時在職場上累積豐富的工作經驗與人脈存摺，以作為日後事業的堅實基礎，擁有更多的助力。

年輕正是人生中的黃金時光。財富、理財、專業、經驗與人脈，都不是短時間之內就能速成的，必須及早開始，並持之以恆，不斷累積。因此，若是你所投入的旅行會使你虛耗積蓄，又長期脫離職場的歷練，那就應該有所克制，否則可能得不償失。

閱讀甲、乙兩文後，請在這兩種觀點中選擇一種加以論述，自訂題目，寫一篇完整的文章，說明你的見解與感想。

範文

年輕時就該去闖蕩

鍾樹修

年輕是天賜的寶物，它使你擁有闖蕩的勇氣、冒險的體魄。正值青少年的我們，常是憑著這些本錢勇往直前。然而，這貌似無盡之寶，卻終有用罄之時，我們何不將其發揮至極致，以免老時徒留憾恨。

旅行作家劉哲瑜，試圖找到全新的自己，走出舒適圈，踏上了環遊世界的旅程。我極其欣賞這位作家的決定。他投入辛苦掙來的所有積蓄，不害怕未來所遭遇的困境，不擔心沒有錢的窘況。我認為在身體尚未衰老前遊歷各國，將能獲得最豐富的經驗，飽覽最豐富的視野，內心得以昇華，受益匪淺。

去年暑假，我獨自一人拜訪了康河，曾經無法意會徐志摩詩句中對康河的驚艷和讚嘆，在踏上了由綠藻層層疊疊堆起來的毛毯子，及綴以一簇簇嬌嫩欲滴的鮮花之後，康河的恬靜、慵懶、閒適，竟然在我的心中翻攪起了波瀾，久久無法平靜。這裡有來自各地仰慕的人們，不論何種膚色、種族，皆醉於康河的風采。縱使我們都是匆匆過客，卻也都能分享彼此的生活、初踏上這塊異地的欣喜若狂和康河給予我們的震撼。行遍天下，讓人感慨始深、眼界始寬，得以不再拘泥於平日狹隘舒適的生活圈。

李白遊歷名山大川，詩作援筆立成；子瞻泛遊赤壁，心靈達觀自適。旅遊，將為你帶來意想不到的收穫，有人說：「青春可以狼狽，但是不能認輸。」我們何不給自己一個機會去闖一闖呢？就算跌倒了、受傷了也沒關係，因為每一道傷痕、每一個紫黑的瘀青都是我們成長的印記、賣力拚搏後的閃耀勳章，而長存內心的是意猶未盡的悸動。

旅遊，是年輕時必備的一趟旅程，它使你融入社會、習得知識，這些是你成長的養分，一點一滴地累積，讓你更茁壯。在年輕時勇敢走出去，努力地讓自身不虞貧瘠匱乏，完成自己的夢想；在年輕時勇敢走出去，走出一條明媚風光的康莊大道，通往清亮的人生。

陳惠卿老師評語

「年輕是天賜的寶物」，下筆豪邁，活脫脫就是年輕人的自豪。接著以「使你擁有闖蕩的勇氣、冒險的體魄」解釋為何年輕是天賜寶物，呈現作者「不空言」的態度。第二段肯定旅行作家劉哲瑜的觀點，「找到全新的自己，走出舒適圈」即是自己選擇甲文的答案，並且也以此為本文的中心主旨來行文。

第三段以自己的壯遊為例，呼應旅行作家劉哲瑜的觀點。「在踏上了由綠藻層層疊疊堆起來的毛毯子，及綴以一簇簇嬌嫩欲滴的鮮花之後，康河的恬靜、慵懶、閒適，竟然在我的心中翻攪起了波瀾」。本段異於其他段的語言簡鍊，言簡意賅，反而流露出深情、飄逸的文采。第四段舉李白與蘇軾為例，「李白遊歷名山大川，詩作援筆立成；子瞻泛遊赤壁，心靈達觀自適」引例貼切。結尾呼應全文，年輕，就要勇敢出走。全文說理部分語言簡鍊，言簡意賅；抒情部分，清新雋永，韻味十足。

範文

年輕時就該累積個人資本

詹喬勛

年輕就像一顆天際的流星，雖然燦爛耀眼，卻無比短暫，若不能緊緊抓住時光的尾巴，就只能眼睜睜看著青春消逝，空自嘆息。我認為在年輕時，比起將錢花在享受與刺激的事物上，更應該將心力用來投資自己，提升自己。

世界麵包冠軍吳寶春師傅年少時，下班後的娛樂，不是海產店，就是土雞城和一杯杯的生啤酒，直到他遇見了他的貴人——陳撫光師傅後，才真正明白什麼是精緻生活，體會到：「原來那麼多的食材可以運用在麵包上！」此後，吳寶春不再將錢用在下班後的娛樂，而是用在培養自己「美」的生活上，用在一場有意義的講座，甚至學習日文，使自己能認識日本的烘焙技術。

若當初寶春師傅沒有決定將錢運用在投資自己身上，現在的他，可能還是在一家小麵包店裡，重複著每天相同的工作，更別提出國比賽了。

而我們也一樣，即使有句話說：「活到老，學到老。」但根據美國臨床學家梅洛．潔伊的理論，二十歲至三十歲是人生中的黃金期，不可輕易虛度。若沒有年少時為自己打下的基礎，沒有在青春時期努力投資自我，在這個求新求變的世代中，很有可能迷失方向。

天下沒有白吃的午餐，當我們看見那些年輕時就能旅行、享受豐富多彩的人生時，我們是否又忽略了他們在背後、在先前，為自己的投資與付出？

孔子曾警惕年輕人說：「四十五十而無聞焉，斯亦不足畏也！」若是我們只急於將現有的金錢，轉化成一時的快樂，那就失去很多讓自己成長的機會！「1.01法則」說：如果我們現在的狀態是1，只要每天都能讓自己進步0.1，一年之後，實力將會增強37倍；但若是選擇停滯在原地，不論過了幾年，仍然只會是1。因此，我們更應該珍惜年少的時間，好好增加個人資本。

河川若是停止向前流動，終將化為一灘死水，停滯腐臭。只有奔騰的水流才能穿梭於斷崖絕壁之間，在兩岸的石壁上鐫刻出鬼斧神工的壯麗，激盪出驚心動魄的波濤，一路滾滾滔滔直向汪洋大海。當我們想點開手機的遊戲時，不如多想想，將時間利用在一場有意義的講座、一本從圖書館借來的好書上，為自己累積更多知識的資本，每天都比現在的自己向前一步，才能為人生開拓一片壯美瑰麗的版圖。

林皇德老師評語

本文最大的優點是引用臨床心理學家梅格．潔伊的研究與「1.01法則」，使文章言之有據、言之有物，不是憑空杜撰，因而具有說服力。如果個人觀點是一座高樓，理論、證據就是地基。有穩固的地基與結構，才能支撐起一座摩天大樓；同樣的道理，有充足的理證、事證，才能使自己的論述更站得住腳。寫作論說文時，為自己的主張尋找堅實的理證或事證，就能將道理說得更動聽、更有力道。

六、片斷材料的統整與啟發

(一)國寫參考試題

題目說明

不論是面對日常事務、學術研究或是議題探討，我們所蒐集到的資料往往多樣而紛雜，必須整合許多片斷材料，從中分析異同，延伸啟發，才能形成具體的哲理或見解。例如知名學者賈德．戴蒙蒐集了復活節島、皮特凱恩島和韓德森島、阿納薩茲印第安遺址、紐幾內亞高地、蒂蔻皮亞島、日本等地的實際案例，統整分析，寫成《大崩壞》一書，闡述人類文明衰敗與延續的原因。書中所提出的結論，乃是整合無數片斷材料方才產生。

國寫參考試題中，也有這樣的設計：羅列了八道關於創造力及達爾文發現「物種起源」的材料，再要求學生以「創造與發現」為題，說明「創造力如何培養」以及「偉大的發現須具備的條件」。

＊試題連結：http://www.ceec.edu.tw/107 施測 /02-01-107 國語文寫作能力測驗參考試卷（定稿）.pdf，或請掃描。

解題策略

寫作本題時可參考以下步驟：

1. 確認主題：題目要求書寫「創造力如何培養」以及「偉大的發現須具備的條件」，這二個層面便是整合材料的主軸，就好像是箭靶一樣，所有的箭都應朝著這個方向射去。

2. 萃取原理：題幹所羅列的事蹟、實例是具體的、個別的，但我們可以從中萃取出普遍性的原理原則。例如從達爾文創作《物種起源》的過程中，我們可以指出他做了些什麼，有什麼樣的努力，再據以歸納偉大發現須具備的條件。達爾文本身是博物學家，又研究生物，蒐集人類地理學的資料，可說是「廣泛涉獵知識」；他乘船遠航以蒐集知識，又不斷思索，頓悟「物競天擇、適者生存」的假設後，更花了十四年的功夫找資料加以佐證，可說是「反覆咀嚼知識」。

3. 觸類旁通：依據自己所萃取出的原理原則，舉一反三，聯結其他相關事例或理論，就可讓「創造與發現」的論述更充實。例如：在理論方面，可結合創造力理論中的準備期、醞釀期和頓悟期；在實例方面，可舉諾貝爾獎得主中村修二等科學家的故事，與達爾文相呼應。

範文

創造與發現

翁雪淳

在浩大闃黑的宇宙中，一顆水藍色星球寂靜得運轉著，對比著荒蕪宇宙，顯得生機盎然。成千上萬種生物成了星球上團簇移動的小黑點，其中七十億數量的人們，正悄悄的在星球上探索，發現，歸納且創造，即使身形渺小，但人們駛著好奇的船，揚起無懼之帆，使勁地划著槳，往真理，一毫一釐的前進著。

達爾文，在成千上萬拓荒知識的勇者中，在人類的演化史中，鶴立雞群。他以「物競天擇，適者生存」的論點，一竿子打翻某些浪頭上高亢吆喝著「主啊！萬歲！」的主流意識，在科學史上翻出更高的浪頭，使真理更加澎湃震撼人心。然而，在成功的背後，達爾文是如何將真理的拼圖湊齊呢？他的偉大發現背後，具備以下條件：首先是以行動尋找答案——達爾文不只宥於知識的象牙塔，他乘船航行，在各地研究生物的型態。第二是機運——他偶然讀到馬爾薩斯的《人口論》，套用「生存掙扎」的觀點，昇華成「物競天擇」。然而，若有人，乘著船，看了書，就能構思出物競天擇嗎？不，達爾文多了條件三——創造力，用「聯想」將拼圖整合連結，譜出驚世的發現。

達爾文成功的三個條件中，創造力尤為重要，因為創造力是發現的基石，猶如機器的潤滑油。再精美繁複的機器，若少了零件間的連結——潤滑油，便如失去靈魂，無法啟動前進。而達爾文是如何擁有源源不絕的創造力呢？首先，博覽群書，他攻讀醫學，神學，博物館學及人類地理學，廣泛涉獵知識。第二，反覆咀嚼知識。如同嘴中的米，愈嚼愈香，達爾文將生物演化的道理，翻來覆去，重新組合，絞盡腦汁的品味著知識的鮮甜，終於烹出曠世理論。第三，勇於開闢，他不畏排山倒海的質疑和排斥，挺著身子，拍著胸脯向世界昭告他的發現。手握三大權杖，達爾文以創造力指揮科學的走向，引領世界往真理靠攏。

駛往真理的船，在波濤洶湧的時間洪流中無畏的航行著。在浩瀚闃黑的宇宙萬眾星點中，水藍色的星球生氣蓬勃，千億個黑點蛹動著，人們咬著牙，使勁撐起創造的槳，一次一次划向偉大的發現。

黃子容老師評語

「片斷材料的統整與分析」是學生在知性題中不易掌握的題型。此題型在解讀材料時須先畫出關鍵句，並將材料做層次重劃，寫作時更須統攝在「創造與發現」的主題下，建構出自己的論述，而非被材料牽著走，對學生而言是重要的訓練。

本文作者不僅善於消化、分析、統整原材料，更以穩妥的布局帶出清楚的論述架構，論點清晰、論述有力。加上通篇以「人們划船航向發現」為喻，有畫面、有聲響的經營文學性的語言，使「創造與發現」知性與感性兼具，別具一格，更能彰顯人的力量與情意，鼓動人心。

範文

創造與發現

李翊銘

自古以來，擁有強大的邏輯統整能力無疑是成為一名傑出科學家的前置條件之一，而除了具備良好的邏輯統整能力，龐大且廣泛的背景知識也是不可或缺的，諸如達文西、笛卡兒、牛頓、愛因斯坦等人無一不是具備了上述兩項條件，再依靠自身的奮鬥不懈，最終才成功地成就了偉大的創造與發現。

牛頓曾說過：「如果我比別人看得遠，那是因為我站在巨人的肩膀上。」說出了這句話的牛頓，日後也成為了他口中所述的，最偉大的巨人。而同樣地，達爾文無疑也是生物學界的一尊巨擘，自一八三一年乘「小獵犬」號出海遠航後，達爾文除了蒐集、增進人類地理學的知識外，期間他也不斷思索著：為何沿途所見種種生物有的在形態上天差地別，而有的卻彷彿只是上帝在造物時出了點微末的差錯，才導致兩種生物不完全一致？做為一名神父，達爾文的思緒不停地在神學與科學之前徘徊，卻始終不得其門而入。

直至一八三八年因緣際會之下讀了馬爾薩斯的《人口論》之後，達爾文才恍然大悟，而這一切，也為日後的《物種起源》之出版埋下了伏筆。在這一偉大著作出版之前，達爾文仍持續蒐集資料以佐證理論，到了一八五九年，《物種起源》才算出世。達爾文運用了他強大的創造力和整合能力，最終成功做出了科學界中如此偉大的發現。我認為，在偉大的發現下須具備的條件，首先就是廣博的知識，唯有豐富的知識方能為偉大的發現奠下堅實的基石。其次，便是創造聯想能力，創造力並非無中生有，在我看來，所謂的「創造」是指在諸多領域的知識之間做出連結，能將愈不相關的知識做出聯想的，便愈具有創意。

在新觀念、新思想誕生的初期，不可避免地會遭人質疑，甚至飽受排斥。如今的藍色發光二極體之父——中村修二，在尚未發明藍色發光二極體之前便飽受旁人排擠，甚至還屢屢遭受到同事們的嘲弄，稱他為「米蟲中村」。但中村修二仍是頂著這種種的苦難和壓力，成功發明了藍色發光二極體，得到了諾貝爾物理學獎。由此可知，偉大的發現不僅需要豐沛的創造與聯想能力，還須具備不屈不撓的意志力和堅韌如鋼的毅力。唯有堅持，貫徹理想到最後，夢想才終究不只是夢想。

在外人眼中，往往只看到了豐碩的成果，卻忽略了在其之下交織的種種辛勞，要成就偉大，首先需要的便是創造聯想能力，一個思想乏味、死板的人士絞盡腦汁也無法獲得富含創意之想法；其次便是百折不撓的恆心與毅力，唯有堅持到了最後方能令夢想成真。雖然過程中會遭遇到種種的苦難和打擊，但當收穫成果時，定會讓人感到值得。

李育彥老師評語

首尾二段能精心規劃經營，且消化吸收引文資料，再統整歸納後藉流暢文字吐絲以織錦成文，接著引用中村修二的例證，開展內容，更添說服力。所描述達爾文之相關資料亦較他人豐富，洵為上乘之作。

（二）延伸題型

試題——開創者

請仔細閱讀下述資料，了解山內奏人成功的歷程後，以「開創者」為題，寫一篇文章，說明你從中獲得的啟發。內容須包含：山內奏人的創意得以成功的原因，以及「開創者」必須具備的特質。

1.「One」是一款日本下載量最高的APP軟體。使用者只要拍下手中任何一張發票或收據，再透過「One」上傳，就可得到十日圓的報酬。操作簡單又可輕鬆獲利，造成一股使用風潮。

2.使用「One」這款APP時，一般消費者只看到十日圓的獲利，但發明者山內奏人看到的，卻是點滴的消費資訊滙流起來的大數據。

3.山內奏人利用「One」大量蒐集消費者的收據資料，加以統整、分析，轉換成各族群消費習慣的數據，再轉賣給大企業。在許多大企業眼中，這些大數據具有高度的價值。

4.有專家認為，山內奏人擅長在「沒有價值」的東西中開發出第二價值。而在他所開發的機制中，使用者、企業與山田奏人自己，三方面同時都得到利益，沒有任何一方受到剝削，因此大獲成功。

5.開發出「One」軟體的，是一家名為「One Financial」的公司。山內奏人於二〇一六年五月創立這家公司時，年僅十五歲，還是位高二學生。當時他籌募了一億日圓的資金，投入科技新創領域。高三時，十六歲的他想到用「消費收據」取得大數據以從中獲利。這個點子必須具備商業的敏銳度，跟上大數據應用的時代潮流，掌握消費者心理與企業需求，再加上資訊科技的頭腦，擁有跨領域整合的經營管理能力，才能想得出來。

6.山內奏人十歲便開始學習C++程式語言，十一歲獲得國際程式設計大賽青少年組冠軍，十五歲創業。十七歲時，他所開發的軟體登上日本App Store的第一名。他還曾以資訊神童的身分在TED演講過。

7.華盛頓商學院教授亞當·格蘭特在《反叛，改變世界的力量》一書中提到：具有原創力的人，常會跳脫常規，違反主流思維，對抗盲目的順從，挑戰過時的傳統。而更重要的是，原創者不會只是想出新穎的點子就滿足，他們會積極採取行動，克服一切困難，使他們的理想成真。

範文

開創者

劉語昕

何謂「主流」？主流是一個社會文化中最普遍且主要的思維集合，它就像一道波流，沖刷著大多數人的思想，使之趨同。然而，汪洋上仍有一群不願隨波逐流的礁石，對抗著迎面而來的常規與傳統，在世俗的海洋中屹立突出，他們正是所謂的「開創者」。

在日本海域上也豎立了這麼一塊礁石——山內奏人。他在年少時便勤奮鑽研程式設計，高中時即研發出一款廣受民眾喜愛的手機軟體，匯流使用者的消費數據並加以統整分析後，再轉賣給大企業。山內奏人是如何開創此一成功的商業模式呢？我認為原因有三：第一，他擁有對時代趨勢的敏銳觀察力，能從現今大數據當道的資訊潮流中，觀察並掌握消費者心理和企業需求；第二，他富有資訊科技的知識和能力，能研發出新穎的軟體來轉換收據資料；第三，他擁有跨領域整合的經營管理能力，能為使用者和企業創造出雙贏的資訊商業模式。這三項因素就如同鈣質疊加在礁石上，使之更加突出，也更加堅固。

然而，要如何成為像山內奏人一樣的開創者呢？我們也許沒有那麼敏銳的觀察力和資訊技能，但只要我們願意挺身去對抗主流的思維，不再像隻小沙丁魚盲目地順從波浪，而是當隻逆流而上的鮭魚，鼓起勇氣帶著自己獨特的思想，克服強勢的波濤，往主流的反向游去，總有一天我們都能找到一顆屬於自己的礁石，在那生產並孕育自己的理想。而這便是開創者所需具備的特質——反叛、勇氣和執行力。

海面之所以有一道波流，是因為風的吹拂。而我們只要願意跳脫全球風系的路徑，鼓起勇氣朝海面深長地吹出一口氣，吹出一口新穎的點子，勢必在主流中也能開創一股逆流，洶湧激盪地朝著汪洋前進。

黃子容老師評語

一、能掌握片斷材料統整分析的要領，以「開創者」為上層概念，明確列點分析「山內奏人的創意得以成功」的原因，並提出「開創者需具備的特質」，層次清晰，脈絡分明。

二、以「波流／礁石（逆流）」喻解「主流價值／開創者」的對應關係，不僅彰顯開創者突破主流思維的精神，更加強其屹立突出的超卓形象，為知性散文添加畫面感與文學性，獨樹一格。

範文

開創者

高子維

一項偉大的發明，未必需要龐大的資金或充足的人力才能誕生；一個前瞻的想法，也未必需要焚膏繼晷地日夜苦思才能提出。許多生活中不起眼的事物或訊息，對一般人而言，根本不屑一顧，但對「開創者」而言，再微不足道之事都是一個契機，足以改變自己，改變他人，甚至改變全世界。

一張無用的收據，可以為你帶來多少利益？在日本少年山內奏人眼中，答案是無限！他開發出一套軟體，讓消費者藉由上傳發票或收據相片而獲得十塊日圓的報酬，再將這些收據上的資料統整分析，賣給需要各族群消費數據的大企業。在這樣的模式下，可謂是消費者、企業和山內奏人本身三贏的局面，無人虧損，而這個軟體也成為日本下載排行榜的冠軍。如此成功的原因，我認為不外乎三點。首先是人人皆有獲利，簡單的幾個步驟就能得到報酬，何樂而不為呢？第二就是「開創者」山內奏人獨到的眼光，誰會想到小小的收據背後隱藏著如此巨大的商機呢？最後，也是山內奏人成功的關鍵，就是行動力。將想法付諸實行，不紙上談兵，才能讓大眾了解，才能讓世界看見。

綜合以上，做為一名「開創者」應具備有創新、敏銳、大膽的特質。唯有跳脫古板的思想框架，才看得到事物的另一面；唯有洞察社會上各種潮流的動向，才能找到最佳時機做出反應；唯有勇於積極行動，才有機會證明自己，造福他人，開創不一樣的未來。

一名成功的開創者，必定對周遭環境處處留心，且勇於親身實踐理想。因此，我們應當效仿他們，凡事細心觀察，跳脫常規地思考，主動地採取行動。多看、多想、多做，相信有朝一日，人人都能成為「開創者」！

馬薈萍老師評語

精確審題，擷取文本訊息，首段即破題點出開創者之影響力，文意切中題幹所求。第三段綜合歸納出「開創者」應具備的特質，條理清晰，旨趣昭然。

第二大類：情意題

情意類的書寫從個人的知覺、經驗與想像出發，擴及生命的感觸與社會人情的體悟。就大考中心已公布的試題來看，情意類的題目大致有六種題型：「事物的描繪與詮釋」考驗基本的觀察、摹寫工夫；「從經驗中提取感思」要反思來時的生命經歷；「情境的想像與描繪」要讓想像力起飛；「闡發閱讀或文藝的價值」要珍視當代生活中美麗的寶藏；「利他精神的體察」要體會人類最可貴的、善的情操；「生命的想像與感悟」則是綜合運用，既要摹寫的基本工，又要深層挖掘自我的生命情懷。

我們用下圖來表示這六種題型的特質，同學可由淺入深，逐次進階。

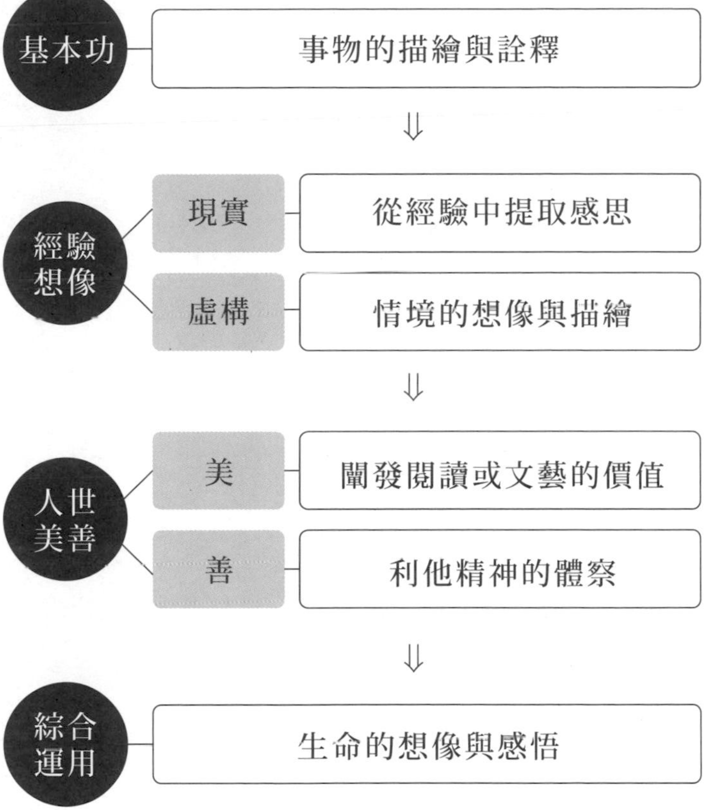
基本功
事物的描繪與詮釋
經驗想像
現實
從經驗中提取感思
虛構
情境的想像與描繪
人世美善
美
闡發閱讀或文藝的價值
善
利他精神的體察
綜合運用
生命的想像與感悟

一、事物的描繪與詮釋

（一）

題目說明

許多人學習畫畫時都是從靜物素描開始。用線條捕捉靜物的同時，也在練習掌握物體的形狀、光影變化、空間配置，甚至進一步發覺大自然無聲的律則。畫家用畫筆捕捉物件、景致，而作家則是用書寫的筆來捕捉。在國高中的選文裡，魏學洢〈王叔遠核舟記〉、吳敬梓〈王冕的少年時代〉和柳宗元〈始得西山宴遊記〉，分別以洗練的文字描摹藝術品、雨後天青的景象和西山周遭的地貌。

而畫家作畫，不只是再現景物，更注入了自己對自然的體悟、對美的感受、對世界的認識；作家寫景狀物，也是如此。文字的描繪、摹寫，不只是將景物

「再現」、「擬真」，還可以注入自己的體悟，使「再現」昇華為「創造」。讀者則可透過文字去推求背後那份真、善、美，形成一種詮釋。

國寫參考試題中，便有一題要求學生仿效洪素麗對瓷碗的摹繪，選擇自己最鍾愛的一件物品加以描寫；並詮釋川端康成小說中，妻子打破瓷碗以及男子耳旁恆常響起瓷碗落地的聲音，代表什麼意義。

＊試題連結：http://www.ceec.edu.tw/107 施測 /02-01-107 國語文寫作能力測驗參考試卷（定稿）.pdf，或請掃描。

解題策略

寫作此題時需要的工夫是：

1. 描繪物件：回答第一小題時，要展現的是文字描摹的功力。要像洪素麗〈瓷碗〉那樣簡潔、精細、清雅。下筆時，你可以想像自己是位畫家，正準備素描靜物，細心捕捉感官所知覺到的，再把感官意象轉換為文字。不只再現物件的樣貌，還須注入情感或哲理，使物品富有生命與意義。

2. 詮釋解讀：第二小題要求的是文本的詮釋解讀。川端康成筆下的男子為何時常想起瓷碗落地聲？這可從文章所提供的諸多細節來推想：男子將瓷碗落地聲與什麼樣的生命經驗連結在一起？又與什麼樣的情感結合？男子聽見瓷碗落地聲的時間點是離家前，所以這道清脆的聲響可能勾起他的鄉愁、情思。瓷碗落地而碎裂，也可能使男子聯想到目前生活的破碎裂解，形成一種警示，提醒自己要活得更認真謹慎。而洪素麗本人的詮釋則是：「象徵著一種鄉愁的牽引，妻兒的呼喚，一個落魄男子徬徨的心悸，一個生活的嚴厲警告。」

範文

吳柏頤

（一）

那是一套有著晶亮外皮的小說，當燈光自頭頂散落書上，雙手輕晃，墨綠色的外殼暈染出亮星般的光點，隨著角度的變化，書皮上映出的四周景致愈趨清晰。這時，書上繪製的樹林似乎凸顯欲出，伸手觸撫，粗細不均的畫料，輕刺神經，而知識的脈絡則在手底蔓延著。即使沒有開啟、翻閱，彷彿步入百年老屋，屬於年代的紙香，也溢散而出。翻至書名處，劍拔弩張的大字寫著——笑傲江湖。

儘管只是父母送我的生日之禮，但書中正邪並非絕對的觀念，深深吸引著我。每當對身旁的人、事、物，有著強烈厭惡時，我都重新閱讀這本書，細思書中的情節——世上本無絕對之事，是否過於堅持，才是真正的誤入歧途？於是，當我試著放下成見時，眼前的難關便豁然開朗！

（二）

在離別前的一日，家中空氣凝重著鬱悶與無奈，「啷！」瓷碗自妻子手中落下，替即將分離的夫妻又添一道傷口。而自妻子手中掉落的碗，不僅是失神的表現，我想，更在無意中，流露出妻子心碎的哀傷。

於異鄉的丈夫，在醉酒中，一次次想起象徵家庭破碎的瓷碗，他固然想在薰薰然裡，回到記憶中的美好時光，但當思緒起飛後，卻只能想起，令他失去妻子的那一日，而碎裂的碗也提醒他，他已無退路，若不振作，兩人當初的分離，恐怕也白費了！

陳婉玲老師評語

一、題一寫作重點在於細膩描摹鍾愛物件，融入情意或理趣。本文取材雖然平實，卻能善用各種感官知覺，輔以想像，並藉不同的光線及角度變化，寫入書頁的豐富色澤。總體而言，優點如下：

（一）物件摹刻細膩

1. 由靜態摹刻到動態想像：先靜觀書頁，以視覺描摹起筆，細寫書頁色澤、材質，後輕晃書本，輔以想像，使書頁樹林如欲凸顯而出。動靜交錯，畫面靈動。

2. 由光點移動見色澤變化：先泛寫書頁晶亮外皮，再隨光點灑落、角度變化，細摹墨綠色澤，使書頁色彩豐富飽滿。

3. 善以感官知覺摹刻書本：以視覺觀察寫顏色變化，以指尖撫觸寫豐富想像，以精當譬喻連結書香。

（二）**感悟省思深刻**：能深刻感思人性正邪、堅持與成見，使現實生活能與閱讀經驗互為闡發，最終釐清生命困惑。

二、題二寫作重點在於從瓷碗破碎的客觀事實，合理詮釋男子及妻子的內在情感與生命經驗。作者認為，妻子因失神而落碗，實將分離的哀情清楚表露。又，作者將「破碎的瓷碗」與「破碎的家庭」相連結，碎裂的聲響實是男子生命再無退路的提醒。整體而言，此小題能兼顧外在行為與內在情思，詮釋允當。

範文

（一）

書寫的溫度，總留在筆尖，一抹尚未乾透的藍。

林京柏

書桌上的鋼筆堆積成山，我最愛的那支，燙金式的花樣總在裡頭遊蕩，紙上的斑駁總歸是它們燦爛的血跡。筆桿上各樣字式，共同訴說著這筆身的來歷，以及不可告人的、淡青的秘密。

喜歡寫作，或許是從喜歡一支筆開始的。

我喜歡看它在天青的紙上吞雲吐霧，以及它安穩的，不含藻飾的躺在木桌正對窗外的一角。它的靈魂總在午夜時被保留，晨起時鎖上。彷彿此生為書寫而存在，總能夠在見到悲苦及天晴時，舞文，弄墨，偶爾埋下伏筆，呻吟多情的詩，或謳歌一曲生命之愛。遺墨未乾，總閃耀在紙頁天涯，與自己心上。

（二）

吳宣逸

瓷碗的破裂聲是男子離鄉背井前在家中聽到的最後聲音，來自妻子難分捨的心情，也是男子對家的最後印象。

像是一則提醒，時時警惕他，他是為何而遠行？為誰奮鬥打拚？鮮明的落地聲彷彿妻子就在附近煮飯，可見得他是如此的思念盼望此時能與妻子在一起，在溫暖的家裏。

作者筆下的男子，人在他鄉思故鄉，不知妻子安好否，在外謀生不易又有家歸不得的情境，因為一只瓷碗，使得故事背景更為滄桑。

歐美瑩老師評語

（一）作家吳明益在〈天橋上的魔術師〉故事中，描寫魔術師幻化一只小紙片人，繪聲繪影遊走在魔幻與現實之間。本文作者如同魔術師變戲法，執「實」筆寫「虛」筆，並善用調色，像在虛擬的畫布彩繪筆身意象，卻又透過想像實寫一件親密之物，令人炫目。情感的表述熱烈而直白，因為有愛，物件也就有了靈魂與生氣。

（二）余秋雨先生曾說：「只有深刻地體會內容和形式之間無分彼此的有機統一關係，才能正確把握藝術創造工程。」藝術眼光敏感於具體的事物描繪，因此在閱讀感性文章時，我們要能從情節裡具體的「人事時地物」中玩味、深化其中的抽象意涵。例如：

妻子在每日熟練的家事工作上為什麼此時會失誤打破碗？她可能在想什麼？那是怎樣的情感？而丈夫離別日當下心境可能如何？離別之後的失意和耳畔響起的聲音可能有何關聯？

範文中分別就妻子和男子的角度詮釋事件背後的人物心境，解讀出其中警醒、思念與失意等種種人物的難言之隱，意涵豐富深遠。

（二）延伸題型

試題——痛楚

痛楚愈來愈密集，簡直像下定決心般，接二連三拍打危脆此身，下體被痛苦海潮侵蝕。不能想像，身體竟能產生如此劇烈痛楚，痛擴張成一片又一片，像某種妖異不祥的墨黑之花，開敷成一片又一片。

似乎已沒有等待痛楚的時刻，不祥之花沿著每個時間崖壁邊迅速漫延，挺著壯碩的瓣與艷異的蕊，蔓生滋長。她們紮根、破土、抽芽、吐華，紮實咬緊時間與肉身土壤，最燦爛的綻放。我感覺時間早已漫漶成一片，所有的時間、纖毫的細胞上全覆滿種籽，早已沒有不痛的時刻，即使是短暫的兩三秒，也開滿了痛楚異花。

在冰冷的產檯上，我想起佛典中佛為求四句偈，願讓魔羅在身上挖千孔、點千燈的公案，原是紙上故事，此刻卻變得再切身不過：身體開鑿千洞，插入棉蕊，注入熱油，燦然地多麼令人驚怖，那是什麼樣的痛？而後我想及的果真是待宰眾生的感知：刀寸寸凌遲、逼迫著喉頭，你死命想保護此身，然全不能夠，刀劃開這裡那裡而血湧如泉如海，好像只能使盡全力尖叫才能抵擋這地獄之火，但最終，連尖叫旋即被吸入刀鋒，此身碎裂。

（節錄自李欣倫〈踩著我的痛點前進〉）

閱讀上列文字，依序作答。

問題（一）：作者以花來比喻分娩的痛楚。對於文中「痛楚異花」所象徵的感受和意義，你有怎樣的詮釋？文長100～150字。

問題（二）：作者對於痛楚的描繪深刻細膩。請你也運用譬喻的手法，描寫一次痛楚的經驗，並抒發你的感思。文長300～350字。

範文

施伯儒

（一）

以痛楚異花表示痛苦如植物一般蔓延，深根在血紅色的肌膚，蔓生全身，以肉身為養分，彷彿一朵盛於血色大地的不祥之花。遍布的種子如那散射開來的痛感，恣意占據身體的部位，隨後又在占領處以苦痛為滋潤，開出朵朵痛楚異花。象徵植於肉體甩也甩不去的痛楚，只能放任自己沉淪在刀割的寸寸凌遲，以最燦爛的綻放反襯由內而外、似炸裂般、低吼的斑斑血淚。

（二）一次痛楚的經驗

廚房蒸氣嫋嫋升起，燒滾的水氣輕攏著鍋蓋，「啪噠啪噠」慌張的拖鞋聲步步逼近聲源。旋即一聲淒嚎劃破一片水霧，轉為雜著低沉的血色迷雲。一鍋熱水如此澆淋在我大腿與小腿，在尖叫聲還來不及傳出的剎那，我只能乾瞪著眼，看自己患部漸轉血紅，泛起一大塊紅暈。陡然間，一股電流竄遍全身，繼而有千萬小蟲朝骨子鑽嚙，我頹然坐倒，腿部卻似有一條游龍般，傳遞著心焦和緊一陣緩一陣的痛楚，喉頭被衝上心酸澀的麻木感反覆燒灼。二把覆滿尖刺的釘耙，在鍋子應聲翻倒之瞬，前後夾擊著肉身，狠狠緊扣著，吸乾我幾秒前仍旺盛的精力，化作我苦坐地上、不住的呼吸聲：「好痛啊！」倒抽一口氣，眼眶不自覺泛紅，模糊了世界……

冰冷的大理石地板喚醒我最後的痛覺，痛苦海潮層層疊起，擊打著大片肌膚，化為陣陣刀割，刀刀見骨，赤裸而直接的痛楚深掘著每一條肌理下的神經，寸寸凌遲。時間如暫停一般，陡然棄我於地獄之火，沉浮於血海。一生乾啞敲碎了四周似是塵封了的氛圍。掙扎著，爬上椅子，一聲長嘆。

蔡柏毅老師評語

第一題由表而裏層層分析作者以花設喻的用意，清楚說明「花的特性」與「痛楚的表現」之間的連結，最後更提出「反襯」新生命誕生的喜悅。第二題以略帶古意的文筆書寫，遣詞似有古典小說的味道，篇幅雖短卻能視為一則短篇小說。首段即用藝術手法說明事情，細寫過程使人如臨現場。譬喻修辭的運用不但達成題目要求，更營造出文學的藝術氛圍。

範文

張家誠

（一）

花，貫穿一年四季，不論是春的萬紫千紅或是冬梅一枝獨秀，都有花的身影，象徵痛楚度日如年；同時花亦代表了生命的傳遞及孕育，與分娩的意義十分切合；再者，花苞綻放的過程是一片接一片地展開，和手術刀一層層切開肌理的意象十足相似；最後，以海潮拍打之浪花作為延伸，代表痛楚如深海深淵般深不見底。本文以「花」一詞連結許多意象，十分巧妙。

（二）一次痛楚的經驗

吸氣，吐氣，那是以肺臟為呼吸器官的動物們與生俱來的本能行為，再自然不過的事。此刻在我全身上下的血液中，二氧化碳的濃度正一點一滴逐漸地上升。想將其釋放，卻猶如失去身體自主權一樣地不受控。窒息、絕望、痛楚，此刻將我淹沒，大腦渴求著氧氣，沉溺在黑暗中。

一望無際的汪洋，海面不平靜地波動著。海浪寒徹骨的溫度將我的體溫，連同那一抹風中搖曳的希望火苗，一併澆熄，奪走。生而為一位濱海城市的子民，並非不諳水性，卻是水壓壓得令人難受。是低溫水分子懷抱敵意的模樣，那是有意捏碎我的胸腔，水中幽靈般的存在。

躺在床上，面對規律想起、刺耳的儀器噪音及白得令人發慌的天花板，藥水微小分子瀰漫空中，鑽進我的鼻腔。因車禍而裂開的肋骨使得我每一口吸氣與吐氣，都要默默對神祇祈禱才耐得住如此劇痛。現在所能詮釋這種狀況的，屬女歌手梁靜茹的〈會呼吸的痛〉最為完美了吧！從不曾想像體驗的疼痛，如鉛針扎在胸口上，提醒我其真實性。我試圖維持住意識，然在多次掙扎後，眼簾仍再次蒙上一片黑暗。

蔡柏毅老師評語

該文第一題分析精詳有序，逐點書寫花的「象」有何痛之「意」，彷彿花瓣層層綻放，完整說明了作者設喻的巧思。第二題以溫雅的文筆，書寫了一次痛楚的經驗，不在首段直接講明緣由，而是層層書寫痛楚，引人入勝，好似親身經歷，驅使讀者繼續閱讀，最後說明事由，達畫龍點睛之效。此外，以「水」設喻也十分恰當，將水的特性連結至生理上的疼痛與心理上的痛苦。

二、從經驗中提取感思

（一）國寫參考試題

題目說明——玩，我的玩具

歌德筆下的威廉・邁斯特，小時候在聖誕節欣賞了大衛挑戰歌利亞的木偶劇，深深著迷。因為喜歡，他偷偷抄下劇本熟背，自己製作簡易玩偶，私下模擬演出。接著，他從熟悉的家園出走，踏上追尋戲劇之路。他發現，戲劇不只是一種娛樂，更具有推廣教化、濟世救人、改善社會、使人們的生活趨向理想的作用。對威廉來說，玩木偶，玩戲劇，純粹因為熱愛，所以全心投入，不為其他。

對威廉來說，木偶戲看似簡單，其實並不簡單。在我們的生命經驗中，一定也有許多習以為常的事物，看似平凡，卻也不平凡。只要用心體會，一草一木都蘊含著無比美麗的春光。

國寫參考試題中，「玩，我的玩具」這一題，便希望學生篩選自己的經驗，從「玩」這件小事中，找到更深一層的精神內涵。題目首先引述周作人〈玩具〉一文，請學生閱讀後回應三個問題：

（一）作者何以說「唐家姑丈何以可愛」、「老萊子若不為著娛親而彩衣弄雛，何以是最可羨慕的生活」？

（二）「玩」的精神內涵是什麼？對於「玩」，你有何體會？

（三）敘述一項最鍾愛的「玩具」，並分享遊玩時的親身體驗。

解題策略

玩具看似一件小東西，但我們不能把它寫小，而要寫大。題目的要求是闡述「精神內涵」，如果你只是泛泛的談到「很好玩」，或是只有提及對童年時光的懷念，那都不算是精神內涵。必須要有心靈的觸動或精神上的昇華才行。

怎麼樣才算是「精神內涵」？你或許也有類似的經驗：童年的你很喜歡組積

木。有一天親戚贈送一盒樂高積木，難度很高，適合八到十二歲的小孩，而你當時只有五歲。為了組好積木，你幾乎廢寢忘食。媽媽威脅你再不吃飯就不讓你碰積木，你也只是勉強吃了幾口。二天不到就把積木拼完了。那麼拚命組積木是為了什麼呢？考試會加分嗎？會得到獎金嗎？

對童年的、單純的你來說，組積木就是為了組好積木，不為了別的什麼，純粹滿足自己的好奇心、企圖心。而這就是一種「無所為而為」的精神內涵——不為名，不為利，純粹為了想做而做。許多出色的科學家、哲學家、文學家、藝術家身上都看到這份精神。挖掘出這份深刻的精神內涵，「玩」這件「小事」才能展現「大道理」。

範文

玩，我的玩具

邱柏翰

偷偷地舔一口糖，欣喜於舌尖化開的甘甜滋味，孩子們總以為自己小心翼翼，但這樣的小動作真沒有被發現嗎？我想不是。方暗自以為玩鬧得逞，另一方發覺卻又仍順其意，你不自覺，我不明講，大小孩展開了彼此間的遊戲。

唐家姑丈圖的是什麼？他連那自身難保的泥菩薩都願意供了，他還會去求著什麼？

老萊子他彩衣娛親卻樂不了自己，因為他的娛樂建立在刻意的追求上。玩，是單純，甚至是帶有些傻氣的蠢，乘興而起，盡興而終，必是要先能自娛，才後追求同樂。無論你此時是在追逐盛春裡叢中翩舞的蟲蝶，抑或在晚秋的森林裡撿拾無人問津的落葉；是在朝晨碎散的浪白間踏過，抑或是在寂夜的小路上獨自吟哦，那都是某種形式的玩法，而樂亦無所不在，無所不窮。

小時候，我的玩具很少，應該說，在孩童眼中能拿來玩的事物太多了，並不需要特定的「玩具」。而在那段時光中的夏季，總是開滿著一種俗名為「鬼針草」的植物，那一簇簇帶著銘黃花蕊的潔白花瓣和翠綠細枝片葉，伴著蟬響蔓延在每個街道和角落，包裹著它烏黑、細小，又在末端帶倒勾的狹長種子。那時候，只要找到個長著這種植物的空地，再叫上三五個好友，立馬就能上演起一場「鬼針草大戰」的追逐戲。手指間捏著剛從莖上摘下的鬼針草，朝著離自己最靠近的一人丟去，讓那鉤針般的種籽沾黏在對方的衣物上。沒有所謂的遊戲規則，只是單純的你跑我追，我躲你丟，彼此發出暢快的大叫，僅僅是不怎樣的遊戲，卻總是使我們都樂得忘卻了時間。

如今，那抹青綠和純白依在，可若要我再次拾起當時在草叢間追逐奔跑的感受，我想……很難了吧！心境早已回不去當初的純粹，然而，每當我再次摘下那枝搖曳的瓣花，將它揉轉在指尖，一種熟悉的思緒總會湧現，宛如漣漪在水面綻出的一圈圈水紋，柔弱而清晰。

日出日落，朝顏花只一日；日落日出，附近花開一片，雖已非昨日之花，然，芬芳不改。而發自內心深處的那種情緒，縱使被淡忘，被模糊，但在某個回憶起的日子，那份心情，仍舊未曾改變。

陳曉薇老師評語

作者能合宜地扣合題意，提煉出「玩」的精神價值，並將它鮮活地展現在文章中。

透過細膩準確的書寫，作者將孩童們玩鬼針草的情景表現得暢快淋漓，孩子的朗笑在讀者的心湖裡漾成一個微笑的漣漪，是啊！玩就該這樣無所為而為啊！

但是鬼針草會枯萎，純粹的童稚會逝去，這是生命中不能逃躲的無奈，只能在心裡為這「玩」的意趣留個位置，讓這份單純的美好永遠都在。

範文

玩，我的玩具

方湧文

玩，是癡傻的象徵。

這種癡傻，是一種純真無汙，自娛而不必在乎外在一切事物的快樂經驗。而所謂玩，亦不只限於小孩，只要仍保有這種純真癡傻，就是一個好的玩家。如周作人筆下的唐家姑丈，雖老大不小，卻依然以一顆顆的夜糖逗弄著孩子。他不為了什麼，只因在蒼老的外表之下仍保有熾熱的純真癡傻。相較之下，雖看似玩，但老萊子的玩，卻稱不上是玩，因他已經蒙上了「目的」的陰影，而不是純粹帶給人快樂的經驗了。

而對於小孩而言，玩是和玩具密不可分的。我小時候最喜歡的玩具便是一隻隻的玩具兵。那時每天回到家，總是迫不及待地鑽入我的小天地中，不論是床頭一隅，或是書架的隙縫之中，都化身為我的小小要塞。不論是想像自己化身為槍戰電影中神乎其技的神槍手，或化身為統領千軍萬馬用兵如神之將領，都讓我熱血沸騰。在玩這些玩具的時候，是非常自在及快樂的。沒有叨念的父母和難以相處的人，只有齊聲高呼「我們永遠同將軍進退！」的英勇士兵，和總是跪地求饒的邪惡首領；沒有明日的多煩憂，只有無憂無慮的、短暫卻恰似永恆的玩耍時光，那是我童年的「玩」。

但隨著年齡漸增，多數人早已不再玩童年的玩具了。或許人們以為玩是只屬於兒童的專利，所以玩具也和多數人的生活不再有關連。其實不然，我認為，玩的精神是各個年齡層都應該擁有的，而玩具也存在我們的四周。現在許多人都不快樂，就是缺少了「玩」這種癡傻的精神，取而代之的是帶有目的性的眼光。一枝筆可以是帶給作家樂趣的玩具，也可以是為了寫出曠世巨作的枷鎖；一顆球可以是球員在場上飛馳奔騰的玩具，也可以是為了爭奪勝負而殺得你死我活的利器。一件很無趣的事情可以變得很有趣，只要我們保有那癡傻純真的玩的精神；反之，一件有趣的事可以令人痛苦萬分——如果凡事帶著目的性的話。

周作人筆下的可羨生活並不難達到，我相信只要我們再次燃起那分癡傻，打開功利的金籠，就定能再次「玩」出清脆悅耳的生命之自在樂章。

黃子容老師評語

玩是每個人與生俱來的DNA，陶醉於其中的快樂人人都曾享有，只是要寫出這些小事物中深刻的精神內涵並不容易。

湧文開篇便提煉出「癡傻」的高遠主旨，解讀材料時又能切中周作人所著重的赤子之心，接著繪聲繪影的描寫童年與玩具兵同身進退的歡樂與單純，並藉此場景暗喻成長後的煩憂與壓力。最精彩的是在第四段，湧文提煉出「一生」玩的精神內涵，舉「筆」、「球」對比出目的（功利）與癡傻（純真）境界之高下，別開生面。結尾呼應周作人觀點，突出了主旨，使玩的精神內涵具體而深刻，可見湧文亦算是一位善於玩的玩家。

（二）延伸題型

試題——我的品味

晚明著名作家張岱對於泉水的品味十分獨到。有一回，他經過斑竹庵時，發現該處泉水清洌甘醇，覺得十分奇特。細察泉水的顏色，一如秋月霜空，又如輕嵐出岫，繚松迷石，令他著迷不已。他看見井口好像有些字跡，便用竹帚刷去塵土，結果出現「禊泉」二個字，書法跟王羲之的字跡十分相似，令他驚異不已。用禊泉的泉水來泡茶，更能誘發茶香。

張岱還提到辨識禊泉的方法：「取水入口，第撟舌舐腭，過頰即空，若無水可咽者，是為禊泉。」僕人曾拿其他井水想要欺瞞張岱，但他一嚐就識破了。

後來禊泉的名聲逐漸傳開，有些茶館便標榜館內使用的是禊泉之水，藉以攬客，或拿來饋贈官員。當地長官董方伯也喜愛此泉，甚至擔心泉水被人取光而封鎖禊泉，結果禊泉的名氣因而更大。但禊泉的響亮名氣卻為斑竹庵的僧人帶來不少困擾，破壞清修。僧人乾脆把一些餿料、穢物丟進泉裡，泉水因而變得汙臭。張岱心有不忍，多次親率僕人前去清洗，仍無法阻止僧人毀去禊泉的決心。然而，仍有許多俗人傾慕禊泉的名氣，繼續以那些早已腐臭的泉水來煮茶，還讚不絕口。（改寫自張岱《陶庵夢憶》）

閱讀上文後，請以「我的品味」為題，寫一篇文章。文章內容必須包含對以下兩點的回應：

（一）張岱對泉水的品味與俗人有何不同？請說明你的見解。

（二）舉一則以上的親身經歷，說明你個人與眾不同的品味，並抒發你對「品味」的看法。

範文

我的品味

鄭皓澤

張岱飲泉，乃飲其芳甜順口，乃飲其泉香甘美；俗人飲泉，乃飲其泉水之名，乃飲其眾人皆讚之味，而不覺腐臭穿鼻。前者嚐的是那泉水本身的甘美，嚐的是那異特於俗世的芳醇；後者卻僅是慕名而來，嚐的是前人給予的名號，嚐的是前人嘖嘖稱奇的香氣，雖覺惡臭，仍苦不敢言，或言不由衷。

周敦頤愛蓮，陶淵明賞菊，我則戀櫻。

初春，那何嘗不是個美妙的時節？花鳥風月，花盛而鳥鳴，風爽而月明，粉櫻也立於江畔，等待伊人回首，等待那仕女的一顰一笑。江邊的櫻花很美，散開它被粉紅點綴的枝椏，盛如夏季花火，綻放於春，開發於春，用短短一週來謳歌它的美豔。而風吹過後，眾人在花瓣婆娑起舞中哀悼它的凋零，但那卻是櫻最美的時刻，被風掃落，在歷經最後的舞蹈後悄悄墜落，勾勒起江上一圈圈的漣漪，那是繁華過後、無聲無息的美。繁華過後見真淳，這是我的品味。

我的品味，非特立獨行，卻是我窮極一生的追求。踏入不列顛，乃受其文化所驚，而愛上了那井然的街道。旁人走馬看花，觀覽群物卻不見潛藏於其中的精髓，僅僅因為隔了幾條街的商場，就奪走了他們的心神，使其耳不聞樂，目不見景。我則不然，踏步於古色之街，低迴於古香之情中，尋著微香，探訪不列顛曾日不落的歷史，更瀏覽著那飽受歷史熏陶的美。我喜於追尋常人常視而不見的美，喜於在那都市阡陌之中尋找那淡淡撩過的香氣，喜於觀人所漠視之物，乃是我的品味。

品味，又何嘗不是來陶冶性情之物？

時人總隨波逐流，所好之物，往往不過是潮流所向，而人又何必如此限縮自己？柴契爾夫人曾說：「我們怎麼思考，決定自己成為什麼樣的人。」何不去追自身所真正喜好之物，追尋那人世中常被人遺忘的美景呢？去追尋，去感受，感受那風吹過，花草搖曳的美。人何不在這短短人世，追求自己的品味，而能充實自我，陶冶自我呢？

追著潮流，自己卻深陷窮途末路。比起硬是撐起殘破不堪的扁舟，又為何不嘗試開拓出自己的一片天空呢？追求自己的品味，了解自己所好究竟是何物，人生才能開出美景，如那百花齊放繁花葳蕤啊！

黃大偉老師評語

好個「繁華過後見真淳」，落櫻如此，老街亦然，甚至詞句精緻與生澀、文與白的「融合」，也頗具個人的格調。

範文

我的品味

陳奐瑒

佛祖見迦葉而拈花微笑，他們兩人的隱含情意只呈現在他們心裡；蔣勳獨自踏上希臘的斷垣殘壁，發出「帝國屬於歷史，夕陽屬於神話」的囈語，他的思古幽情也只能默默享受。所謂「美」因人而異，你看你的海，我品我的夕陽，不求得他人同意附聲，因為那是「我的品味」。

張岱對泉水的品味可說是深深植入他的心中，他已洞悉斑竹庵原本甘醇泉水的風味，從視覺到嗅覺，一有差錯便能察覺，那是種用「心」去體會的愛，彷彿那泉水已流遍全身。反觀俗人在那泉水腐化後仍自顧地誇讚，只因它還留有那名聲，不講求本質，光視表面，這種盲從行徑令人不齒。

打開琴蓋，雙手在黑白鍵間飛躍奔騰，腳在踏板上輕拂舞動，我彈的是知名樂曲家德布希的〈阿拉伯風格〉No.2，家人常抱怨它的旋律不優美，不和諧，難聽不入耳，為何頻頻變調，又為何和弦總是那麼古怪？德布希是新一代的作曲家，他的作品與過去唯美派的貝多芬、蕭邦等大不相同，講究「意境」，好比音樂界中的畢卡索，鮮少人能了解它們的美，不過靜心傾聽的我，總能感受到粒粒音符輕拂過耳的暢快。

開始的圓滑連綿音彷彿蜿蜒在曲折山路中的小溪，突然一陣高調音，又宛如蒼鷹在寬闊山空中的高鳴，接著琴鍵好似跳著踢踏舞，從三個八度外粒粒分明的降下。旋律節奏有時慷慨激昂如同波濤大浪，有時又抑鬱低沉如同沉睡大地，有人或許不好這種急轉起伏的滋味，但是我愛，因這是「我的品味」。

何謂品味？我們總是隨著世界哭而悲傷，隨它笑而歡樂，但沉澱心靈後卻發現無一是自己的感受。自己的品味即是那能洗淨自己心房之物，能看到它的細微，又能聽見它的千變萬化，彷彿兩者合而為一，宛如它即是我，我即是它，兩者密不可分。這才真正發現了屬於自己一生相伴的品味，而我的品味便是那獨鍾〈阿拉伯風格〉No.2 的乖張風格。

馬薈萍老師評語

首段破題即引人目光，對德布希情有獨鍾的「風雅」品味果然不同凡響。第四段對德布希作品的詮釋鮮明而不失張力。時而以「我的品味」呼應題目，顯得自信有力。

三、情境的想像與描繪

（一）國寫參考試題

題目說明

一九九〇年，J．K．羅琳搭上了一班從曼徹斯特開往倫敦的列車。這輛車已誤點四個小時，車上擠滿了人潮。瞬間，一對想像的翅膀飛掠過羅琳的腦海，一個戴著眼鏡、瘦小的黑髮小巫師形象，從一片模糊中走了出來，逐漸清晰。後來，羅琳婚姻散場，失去工作，自嘲是「我所見過最失敗的人」。但是想像帶領著她飛往另一片天空，開創出了《哈利波特》的奇幻世界，風靡全球。

不只文學、藝術需要想像，科學也需要想像。日常生活中，想像更無所不在。在國寫參考試題中，「二十年後的同學會」這一題，便是希望學生能結合現實生活，發揮想像，設想畢業二十年後，一群老同學相聚時的場面，書寫見面的情景、交談的話題、感思等細節。

＊試題連結：http://www.ceec.edu.tw/107 施測 /02-01-107 國語文寫作能力測驗參考試卷（定稿）.pdf，或請掃描。

解題策略

寫作這一題時可留意：

1.刻劃細膩：本題的重點是運用預想示現的手法，把尚未發生的事物描繪得栩栩如生。在你的想像世界中，應該存在著許多細節，你必須盡力捕捉這些細微之處，例如人物的表情、衣著、言行舉止、性格，同學會舉辦之處的場景，同學間的互動、對話，餐桌上的食物、擺設……。寫得越細，就越生動逼真，也越能容易觸動人心。

2.主題深刻：如果只是想像一群人來說說話、吃吃飯，然後就解散，那麼這樣的聚會幾乎沒有意義，寫出來的文章也不會動人。當我們參與一場跨越時空的聚會，看見了今昔的對比，承受現實與理想的碰撞、人情的改變，都可能使我們產生某種人生的體悟，感受到某種深刻情誼。要把這份體悟或情感寫出來，文章才會有深度，這場同學會也才會有意義。

範文

二十年後的同學會

許申霖

畢業二十年後的我，三十八歲，是個不折不扣的中年男子。距離上次辦同學會大概是五年前的事了，原因無他，大家繁忙的生活讓同學會始終辦不成，不過在二十年這個令人感嘆的時間點，總算是擠出一個多數人可以參加的日子。站在鏡子前打理自己，順便思考要不要把高中制服翻出來，頓時一股雀躍湧上喉頭，夾雜了緊張的苦澀，這就是重逢的滋味吧。

太陽還沒下山，提早到的同學們正在閒聊，見到好久不見的同學，看著光陰又在我們身上劃了幾筆。是啊，年輕不再是我們的形容詞。人差不多到齊了，仍有三分之一無法出席，忙工作、忙家庭，還有些不在國內，或許再過幾年得在海外加開一場了。我注意到孟玦沒有出現，他不能算是我的好朋友，但對我而言，他是個特別的人物：二十年前他錄取醫學系，嘴裡嚷嚷著絕不會成為世俗眼裡的醫生，我們只當他血氣方剛憤世嫉俗，笑看他大學畢業後還不是進大醫院工作。沒想到今天得知他毅然決然離開醫院，現在在賴比瑞亞當無國界醫生。他的生活肯定是全班最糟的，可是我發自內心的嫉妒他，就因他是我們之中最青春的——因為還有理想等著他去實現。

天色漸漸暗了，餐桌上交談甚歡，同學在這不過是——不論談，還是被談；比較，或被比較——品嚐著人之常情罷了。久未謀面而生疏的人們，需要用點酸來除鏽。終於，班長提起當年的事，一切彷彿活了過來，歡笑聲此起彼落，一件又一件往事扯動我們的嘴角。這時班上的開心果緯騰提起在學校跨年的事，當初提議的點子王鴻捷馬上跳出來插嘴：「那時候學測讀到快瘋掉，我隨口說說居然一堆人贊成，我們還半夜跑到屋頂烤肉哩。」「你還記得那個才藝表演嗎？不知道誰生營火說要跳什麼火舞，差點把學校燒掉……」「那時候倒數根本超嗨啊，倒數完還直接架望遠鏡看星星，有夠浪漫……」當最後一個人說完，空氣突然安靜了下來，我們都陷入年少輕狂的回憶，而畢業後的二十年，再也沒有如此放縱卻充實的一段時光了。

窗外已是黑夜，在眾人酒足飯飽之際，我注意到鴻捷抬頭看著天空，然而城市的夜空是沒有星星的。我開口問：「我們去看星星好不好？」看似一句玩笑話，其實帶有幾分真實的渴望。的確，我們像天上的星周而復始的運轉，就算各自分離，也始終在同一片天空閃耀。

二十年後的同學會，身體不再年輕，卻能讓心靈再瘋狂一次。

黃子容老師評語

二十年後的人情況味是現下年輕人不易深入體察的心境，而作者卻彷彿帶有老成的靈魂，不僅以對白、畫面、氛圍，細膩具體的營造出昔今情境，更多了許多「人情」的回顧與想像。

首段以雀躍、緊張夾雜苦澀的重逢開場，滋味雜陳；次段特別選取「缺席者」為素材，反襯出理想失落的嫉妒與落寞之情；第三段談同學會中無可避免的「談與被談、比較與被比較」的現實人情；第四段再現年少輕狂的放縱與充實；尾段以「看星星的玩笑話」使文章在不再年輕的悵惘中，帶出令人澎湃的主旨——心靈的再瘋狂——人情況味之豐富，使讀者為之低迴起伏，深嚼有味，實屬難得。

範文

二十年後的同學會

張庭梧

溫和的警示聲讓我從眼前繽紛的網頁和影像中驚醒，我將手按在前方的凹槽中付了錢，隨即推開車門，踏入戶外。導航確實帶我到了正確的位置，一幢黃白粉刷的零零年代建築就在面前，周圍環繞著空曠的草地。的確是個適合聚會之處呢，我在心中暗想。像這樣獨棟的房子現在已經很少見了。走到厚實的木門前，我推門走了進去。

熱絡的話語聲傳來，大約有十幾個人已經先到場了。雖然有幾張大餐桌和足夠的座位，沒有人真正坐下來，反而簇擁在一起聊著。也對，畢竟是二十多年的老同學啊！我揮了揮手，滿懷喜悅地加入。那些面孔依舊有著當年的生命與熱情，卻在時間歷練後套上了分別名為勞頓、困窘抑或老成、驕矜的濾鏡。有些人做著直銷——這種二十年後的今天依舊惱人的職業，對話中不時穿針引線尋找下一個獵物；有的人當起老闆，身上行頭有意無意地散發銅臭；更有人投身文壇，言行舉止表現自由工作者的閒適悠遊。一切都沒變，同時也都變了，同學會大概就是這樣吧，今昔共融於這奇妙的時空。

大多人都已經入座，終於此次同學會的主辦人從廚房走了出來。他笑著說，在這間零零年代餐廳裡，何必巴著網路不放？於是大多數人都將手機關了起來，包括我。資訊的消失伴隨著空虛，眼前總覺得空了一塊，大概是新的文明病吧。菜餚一道道送上，我們一邊讚嘆著廚師同學的手藝，一邊起鬨著要某些人上臺說說感言。一位小有名氣的公司老闆說了，他要捐多少多少錢回饋母校；有當上醫生的人委婉轉述，那位因惡疾缺席的同學的近況；我莫名其妙地被拱上臺，也只能說說隔壁座同學午休時的糗事，緩和一下突然凝重的氛圍。

一旁的兩個小孩仍專注玩著遊戲，任由我們的歡喜、祝願與緬懷飄過。我近來已沒有心力關注新電玩了，大概是人生到了折返點吧？是否有那麼一天，小孩們也同樣步入同學會會場、同樣歡笑緬懷過去、同樣逐漸落在時代之後？我們都希望這一天永不到來，一場場的同學會守護的，應是時光輾壓之下殘存的青春碎片，繼續訴說我們的曾經。

陳姿綉老師評語

科技發展日新月異，二十年後的今日，我的生活將會帶往何種何處呢？作者善用想像，巧妙的將科技的發展置入同學會的場景，娓娓道來的語氣中，引出時間對生活的改變。文中善用對比，以人的變與不變觸發追憶青春的感思，尤其末段想像孩子未來亦會參加同學會的畫面，對映今日同學聚會的欣喜與歡樂，最末引出曲折幽深的情致，如王羲之在〈蘭亭集序〉中「後之視今，亦猶今之視昔」的感嘆。通篇雖未直抒複雜心境的轉折，然而幽微情致溢於文字，頗能引發讀者共鳴。

（二）延伸題型

試題——無家者的一餐

李玟萱《無家者》一書記錄了許多街友的故事。他們之中，有人經商失敗，有人為賭博所害，有人受到詐騙，有人遭陷害入獄，有人是大時代的難民，也有人習慣流浪的日子，因而沒有定居之所，浪跡街頭。

尋覓安穩的一餐，對他們來說，常常是艱難的挑戰。有時在寺廟外排隊，等著領取信徒拜拜後的祭品；有時與其他街友作伴，領取善心人士的愛心便當；有時得擔任舉排工，在路口站上一整天，隔天的餐食才有著落。有人不習慣伸手向人乞討，只好習慣挨餓；也有人即便自己常常吃不飽，仍堅持將大部分的補助金拿去購買貓狗飼料，定時定點餵養流浪貓狗，只因為「我是流浪漢，知道餓的滋味」。

現在請你發揮想像，以「無家者的一餐」為題，寫一篇文章，描繪一位無家者尋覓或享用一餐的情景，並抒發他的感思。主角身分及書寫視角請自訂。

範文

無家者的一餐

楊于倫

火車從站點的軌道上向前奔馳，消失在地平線的盡頭；刺耳的摩擦聲，隨著鐵輪一併遠去；地上的碎石，也由跳動趨於平靜；但紙盒裡的銅板，並沒有隨著時間增加。

他靠坐在騎樓的石牆邊，看著來來往往的人潮，或許連祈禱的力氣都沒有，只是有時將紙盒提起，感覺重量是否有所改變。

騎樓外耀眼的陽光將柏油路烤得有些融化，他多想往前踏出幾步，看看那湛藍的明天，沐浴在那滿溢的陽光之下。轉眼間，風雲變色，狂暴的雨點與強勁的陣風，他多想在那風暴中怒吼，讓雨滴重擊自己的皮膚，使狂風刺穿自己的身軀，以抒發滿肚子的惆悵。

但現在，他不能，也不再想。或許是煩惱著他那唯一的生財用具，亦或是與飢餓為伍的生活，使他的精神已是槁木死灰。

他曾經試圖以一己之力尋覓下一餐，但殘酷的世界卻把他撞回了這個陰暗的角落。在這裡，他所學會的，或是說他能學會的，只有等待。

夜幕低垂，就算人流不斷，金屬碰撞聲也未曾響起。他提著紙盒，以踉蹌的步伐走向他度過夜晚的那處角落。就算絢爛的明星布滿了夜空，他也沒有力氣——也沒有心思，仰起那沉重的頭顱。

這一餐，他沒有覓得——或是說等。就算他填了這一次肚了，他的人生——也已經餓了太久了。隨著火車前進站的震動，他闔上雙眼。

蔡柏毅老師評語

該生以第三人稱的觀點描述無家者的日子，頗似電影運鏡的手法，時而遠景，對比無家者存在之渺小；時而特寫，道出無家者生存之無力。文筆看似平淺，沒有過飾的華藻，卻隱含一股悲嘆，使人感同身受。首尾兩段皆寫火車的震動與聲響，不但相互呼應，也使「投幣聲」別具意義，更使人想到「生命如同一列火車」，不斷前進卻終將停在某站。而該生對無家者深切的理解與感受，更是成就此文的主因。

範文

無家者的一餐

吳季謙

冷冽而刺骨的寒風銳利的劃過我的肌膚，在裸露的表面渲染出鮮紅的色澤，抬頭一看便能注意到夜空中閃爍的星空彷彿不屑我這乞丐似的，拉起一旁的雲朵遮住朝向我的視線。在城市中被遺忘的角落，人群中被忽略的人兒，我，停佇在冰冷的黑夜裡，捏著唯一的溫暖——一塊麵包。

我拿著路人施捨得來的、依舊散發溫暖氣息的麵包，感受著由人情點燃的溫暖與芳香。飢餓已久的肚子宛如黑洞般吸引著食物的進入，並傳出一聲響亮的聲音，那是對飢餓的哀嚎，對窮困的淚訴，對上天不公的吶喊。當年還是企業老闆的我，在一次經商失利後便遭到負債的巨齒嚙咬、吞噬。身無分文的我被眾人唾棄，被親人叛離，冰冷的淚水滑落，交織著遭背叛的痛心與經商失敗的悔恨，盯著眼前漬滿淚水的麵包。捱不住飢餓的侵蝕，正要一口咬下……

咬下的同時，模糊的視線中出現了一團漆黑的東西，仔細一看才注意到是一隻骨瘦如柴的小黑貓。髒污的皮膚上沾黏著一落落稀疏的細毛，支撐著牙籤般脆弱的身體，眼神直直望向我手中的麵包。看著捱餓無助的牠，心中頓時出現拉鋸戰，一方面是本能中對飢餓的抗拒，對食物燃起的渴望；一方面是出於同情產生的不捨。就在快輸給本能時，剛剛受到別人施捨的畫面重新浮現，宛如寒冬中燃起的篝火，將溫暖與希望燃燒下去。

從黝黑冰涼的角落離開，看著得以果腹的小貓，我輕輕一笑，拍了拍身子便邁步走向街口，看著從雲後探出的繁星，享受著被柔和月光所浸泡的四周。望向靜謐的街口，寒風依舊，但此時內心卻被溫暖填滿，期待著寒冬後，那充滿冀望、充滿色彩的春天到來。

林佩苓老師評語

一、摹寫細膩，以景烘情

作者非常擅長使用各種細膩的感官摹寫來呈顯人物的情緒，例如第一、二段所描繪的時間不過是無家者咬下麵包的前一刻，不過幾秒鐘，作者卻能以觸覺、嗅覺、視覺、聽覺的交錯摹寫來呈現這位主角百感交集的情緒。感官摹寫其實是最素樸、最容易上手的文學技法，只要運用得宜，適時的在文章重點處加以渲染描摹，即能如作者般，成功引領讀者進入作者營造的情境中。

二、承轉自然，剪裁得宜

本文情節非常簡單，要言之，其實僅是描摹出無家者將麵包施予流浪小貓的那一刻，但這正能顯現出作者選取材料的高明之處。一篇五六百字的作文，篇幅有限的情況下，能小題大作，將小事件細膩處理，正能呈顯出深刻處。作者輕巧的帶過人物的背景設定，而是細細描摹無家者咬下麵包前的種種感官知覺，其實正是為了凸顯後文施予小貓的同理與溫暖，進而在最後一段以雲開月出、繁星點點、春日將至，對比第一段的黑暗與寒冷，承轉出同理心與善意正是希望所在。不必直接陳述，而是讓意旨在情境描寫中自然浮出，可謂相當高明的寫法。

四、闡發閱讀或文藝的價值

題目說明——書和我

二次世界大戰期間，陸戰隊員大衛．克利夫頓在前線感染了虐疾，躺在野戰醫院裡，精神萎靡，開始懷疑生命，質疑世界。此時，他讀到貝蒂．史密斯的《布魯克林有棵樹》，書裡的故事改變了他。他提筆寫信，向貝蒂表達自己的感激：「只知道我的確翻了過來，重現了生機。」二戰期間，美國人則將一億四千多萬冊的圖書送往前線，撫慰了士兵的心靈，豐富了他們的精神世界，陪伴他們度過許多艱困的時刻（事例出自茉莉．戈波提爾．曼寧《書本也參戰》）。

書本帶給人們的，就是這種撼動內心、安撫靈魂的力量。國寫參考試題中，「書和我」這一題便是希望學生體會閱讀的意義和價值，在數位時代裡不要遺失了閱讀的美好。題目中提及以下三件事，並要求學生詮釋其意義，再抒發自己的感受與啟示：

讀。

1.「世界讀書節」的標誌是一本開啟的書，中間是一顆心。

2.節日來自勇士拯救公主，而公主回贈一本書的傳說。

3.網路時代裡，西班牙人在「世界讀書節」這一天仍然大量購書，大量閱讀。

解題策略

寫好這一題的關鍵只有一個：詮釋深刻。

如果能說出書本的深層價值，說出書本無可取代的功能或意義，文章才能深刻。許多同學談到閱讀時，只說能打發時間，休閒娛樂，或提供信息、知識，這樣就無法彰顯書籍獨特之處。

世界讀書節的標誌是一本打開的書，中間有一顆心，掌握這顆「心」的含意來詮釋，才算是抓住了重點：

1.打開書本，就是打開一個人的心靈。

2.公主送書給勇士，是為了搭起連結心靈的橋樑。

3.網路時代，西班牙人依然熱愛書本，因為透過書本所碰觸到的心靈，是深刻而難忘的。

或許，要寫好這一題，就先要跟書「很熟」。真正體會書本閱讀與網路閱讀的不同，真的從書裡得到了心靈的震顫，才能說得出書的意義和價值。

範文

書和我

游青霖

有人說「知識就是力量」，因而鼓勵閱讀以獲取新知。我認為，若只是將書視作資訊的來源便輕忽了書本的功能。對我而言，書的力量不在於幫助個人在世俗世界裡追求錢與勢；它的力量在於建立人與人之間心靈的橋樑，進而幫助人們探索世界的美。

西班牙的聖喬治節兼具了「讀書節」與「情人節」的意義。這一天，西班牙的少男少女遠離了電腦螢幕與鍵盤，來到市集，以「男士送女士玫瑰，女士送男士書」的方式，在推廣讀書的同時，也促進了情意的轉達。從西班牙人民對書的熱愛，我看見網路時代下，縱使彼此面對面溝通的機會愈來愈少，人們仍渴望敞開心房，接納他人的心。每一本書的字句背後，都有一位作者冀望透過文字，向讀者展開他內心的思想、感受。細讀一本書，是心與心最靠近的時刻，是書本真實力量的展現。

回到聖喬治節的源頭：一位勇者戰勝了惡龍，拯救了公主，並向她獻上龍血變成的玫瑰，而公主則回贈了一本書。聽說，「愛，是用一輩子去了解另一個人」。那麼公主送書給勇士的行為，大概便是希望他懂得去了解他人的心；懂得讀書，才能學會去愛。這也解釋了「世界讀書節」標誌的意涵──一顆赤紅的心，夾在一本開啟的書中間。推廣閱讀，不是為了讓世人找到各自的黃金屋，而是期許人們在感受、理解的過程裡，將心與心串連在一起。

儘管升學的種種壓力壓縮了欣賞課外書的時間，我仍然將一兩本雜書置於床頭，睡前隨意翻開到其中一頁，便細細品味起來。《水問》中，看著簡媜誤將窗外風景當畫作欣賞，而自得其樂；聽著她自夏日蟬聲聯想童年，又譜成對歲月的遺響。也許我因為學習的繁忙，無法細膩地感知身邊的自然物趣，但藉助書本，我得以徜徉在他人的情感、想像中；生活中，也更能適時地轉換思維，從不同的視野裡，活出飽滿與充實。

如果「世界上不缺乏美，只是缺少發現」，那麼書本，便是賦予了人們欣賞與發掘美的那一雙眼睛。

陳惠卿老師評語

下筆先提出「知識就是力量」，肯定閱讀的巨大能量。然後筆鋒一轉，「對我而言，書的力量不在於幫助個人在世俗世界裡追求錢與勢；它的力量在於建立人與人之間心靈的橋樑，進而幫助人們探索世界的美。」讓人眼睛為之一亮，很好奇想知道作者接下來要說什麼。

第二、第三段回答題目中指定的「文章中必須全試題幹中『三事』所蘊含的意義」。每一件事的詮釋都非常到位，未偏離事件的核心主旨。第四段以自己的讀書經驗為例，抒發自己的讀書感受與啟示，文筆清麗精妙，耐人尋味。結尾又引用「世界不缺乏美，只缺少發現」，有呼籲大家與書本結緣之意涵。全文汪洋宏肆，一瀉千里；言之有物，振振有辭。

範文

書和我

楊維昕

書，這如此美妙的存在，可曾引領你進入奧妙的知識祕境？或許是金庸筆下的武俠世界，又或是費曼先生筆下的物理奇觀，即使在這資訊爆炸、實體書式微的年代，書依舊能帶給讀者無窮無盡的知識、樂趣和領悟。

世界閱讀日的慶祝標誌，可不是什麼黃金屋或顏如玉，而是一顆心——一顆熱愛閱讀、渴望知識的心。它要提醒你，在盯著手機追劇的同時，也別忘了書中的珠璣字句比演員的演技精湛多了！公主送書給勇士喬治也別出心裁，她希望書中的知識帶給他「心的力量」，能使他臻至完美。這個浪漫唯美的故事，造就了現代加泰隆尼亞地區的情人節，即使現今電子書大行其道，對西班牙人而言，手中那本書牽繫著人與人間的情愫以及來自內心的悸動，這些都不是發著冷光的螢幕所能傳達於萬一的。

書對我的意義也非同小可，我和書的淵源自國中開始。國中前不太愛看書，老喜歡盯著電視和電腦螢幕，看著沒營養的影片。國中後在家的時間少了，在外沒有螢幕相伴，只好勉為其難地從家裡那一整牆爸爸的書中，挑出幾本比較不乏味的來看，沒想到一看就著迷了。李家同先生的書教導我人性的光輝和信仰的力量；徐仁修先生帶我走入蠻荒，探索那人跡罕至的動物天堂；龍應台女士放映著一幕幕歷史，國共內戰、播遷來臺，那是屬於一九四九的顛沛流離。一頁又一頁、一本接一本，看得不亦樂乎。有書為伴的時間，對我來說，分分秒秒都散發出熠熠光輝，也充實了我的精神生活。即使上了高中，這幾本書仍然影響我對社會、環境和歷史的認知，更加信服閱讀的意義與價值。

書，這如此美妙的存在，不僅僅帶給人們領會和力量，也傳遞了如美麗傳說一般，亙古長存的愛與感動。

閻愷玲老師評語

立意構思方面，本文不但貼合題幹要求，回應「三事」、抒發感悟，並且緊扣「書—心—我」三者關係，貫串成篇。

尤其可貴的是作者能運用簡練精美的文筆，道盡個人從書中汲取的智慧與感動，真可謂是「悅讀」其中的有心人。

（二）延伸題型

試題——我的手寫體驗

每年的一月二十三日是美國的「全國手寫日」（National Handwriting Day）。這一天是約翰．漢考克（John Hancock）的生日，他是第一個在獨立宣言上親筆簽署的人。他的簽名華美又特別，展現手寫的獨一無二，英文中「John Hancock」也成為親筆簽名的代名詞。

安．特魯貝克在《手寫時代》一書中提到：「在這個我們經常使用電腦、傳真和電子郵件來溝通的時代，手寫讓我們得以成為藝術家與獨特的個人。無論你使用哪一臺電腦，或你如何使用，字型全都長得一樣，缺乏個人風格；然而手寫能增添一封信的親密感，展現出寫字者的細微個性。」

許多教育者仍認為，對於學習來說，手寫在某些層面自有其無可替代的優勢，因此許多學校在引進打字課的同時，仍保留相當時數的手寫習作與課程。

在印刷標準字體占據各種出版品的現代，許多出版商卻傾向在封面或書腰使用獨特的手寫字體。一本書若加上作者的親筆簽名，甚至是由作者特別為讀者書寫一句話，這本書的價值立刻不同。而即便現在消費性電子產品氾濫，許多手機和平板電腦仍會附加一支觸控筆，讓人們可以在螢幕上動手寫字。

知名的「詩人書法家」侯吉諒在《紙上太極：生活中的書法美學》一書中，提到許多手寫與心靈的連結，例如：

「寫字的當下沒有我的意識，但一個人的生命、修養、喜怒、哀樂，都透過筆墨、轉化為字跡，在紙上靜止的流動。」

「寫字之前，要泡筆、要整理毛筆、磨墨、準備紙張、字帖，這些過程影響後面寫字的效果這樣才可以讓一個人進入準備寫字的身心狀態。學書法不能只學寫字的技術，還要學習如何使書法成為生活的一部份，所謂色聲香味觸法的視覺、聽覺、嗅覺、味覺、觸覺，以及觀念想法，都在書法的潤澤當中，而後書法必能成為生活中的美的享受。」

在電腦、手機、網路的流行的現代，一般人動手寫字的機會大幅減少，但仍有許多人認為手寫無可取代。閱讀以上文字後，請用心琢磨思考、發揮想像，以「我的手寫體驗」為題，寫一篇文章，抒發自己的感受與啟示。

範文

我的手寫體驗

鄭皓澤

毛筆一鉤，勾勒出生命的躍動；劃下一橫，恍若千古萬事的恩怨，都被鎖在那墨黑的字體中。有的正直，有的粗斜；有的如美人驚鴻一瞥，有的如東施蹙眉捧心；有的鐵畫銀鉤，有的筆出生風。字，好比是人的一生，所有情感，不論人如何遮掩，都無法倖免。

張曼娟云：「字好比是一個人隱秘的身分，無論人再怎麼故作正直，字也能體現出一個人真正的模樣。」人總是在有意無意間將欲埋藏的秘密，透露於文字之間。若有人陷入情傷，那字必是透出一種歇斯底里的哀愁；若有人心懷大志，那必然能在文字之中讀出一絲豪情；若有人俠情正義，則可見其字正體圓，好似是一名正氣凜然的俠客。從字，能見一人之志；從字，能見一人之品。

欲撰文，卻找不到文字，找不到文字來形容，那哭斷腸的悲慟。

那日子宛若失恃，整日沈浸於悲傷；宛若失怙，整日以淚洗面。想找出藏匿於櫃中的毛筆，寫下滿張惆悵，卻彷彿忘卻了如何提筆勾勒，筆不成文，文不成章。那隱忍著淚寫下的文字，卻是慘不忍睹。好似是被將水潑上一身涼，那顆熾熱好寫的心，如今是冷淡成霜。猶記得彼時彷徨，字不如字，只如一隻猛獸，咬我咽喉，欲取我命。字，乃是代表了此刻的心。

鐵血娘子柴契爾夫人云：「我們怎麼思考，決定自己成為什麼樣的人。」現今人少寫字了，望著冷若冰霜的螢幕，打著看似是工整的字，而那字卻是失去溫暖的，卻是被杜撰出來的一份心情。寫字，作文，或許對常人來說僅是草草了事，而於我，卻是鴻鵠般的志向，卻是抒發壓抑心情的美事。能謳歌戀情，讚頌友情，更能吟詠親情。字之於我，好比是一生摯友，而且永不可分。

字是特質的體現，是生命的樂章，是情意的詩篇。用以歌人之常情，撰世道艱難，或吟詠情人之美，那是美的轉注，是美的替代，是美的象徵，如櫻花般散開、凋零，是描述生命的優雅載具，展現一片繁花葳蕤。

黃大偉老師評語

首段就一筆一畫，次段就一字一字，三段擴及傷痛下未能成文成字的體驗。在長串排比鋪成下，條理井然，手寫的感受和境界更因而昇華。

可惜文中僅數句指出螢幕字體缺乏溫暖、易於捏造心情，這部分宜再細膩深入描寫。

範文

我的手寫體驗

林郁晉

隨著科技日新月異，人們在溝通上也習慣於以手機、電腦打字。雖然在這效率掛帥的時代，無論使用哪部電腦，總能在極短的時間內產生相同的字型，既有效率也免了資料上字體潦草不清的問題。然而一貫的電腦打字，印出的紙張上除了最初幾秒短暫的溫熱，字裡總是缺少了一份親切。冷硬的墨料規則地排列，也讓「字」失去了原有的溫度。

作家侯吉諒說：「寫字的當下沒有我的意識，但一個人的生命、修養、喜怒、哀樂，都透過筆墨、轉化為字跡，在紙上靜止的流動。」在手寫的當下，我很享受透過筆墨在紙上耕耘出文字的過程。現下事務紛雜的生活中，偶時總會貪戀著午後的陽光，在陽光灑落的書桌上，我會推開一切煩雜，拿出一張小紙片靜靜地抄下幾首小令、幾首詩。

在陽光篩落的紙筆上，空間中彷彿只凝著詩句、我和筆墨。當筆下注入「悠然見南山」的一橫一捺時，眼前字有一抹田野和風的恬靜自適；當墨色暈染到「水光瀲灩晴方好」時，四周便是水霧凝著西湖的嫵媚與靉靆之裊裊，若此時拌嘴一杯春茗，那便是陶潛也要羨慕的自在悠然。而若是在夜雨中寫字，空間便會變得十分逼仄，任何豪情都鋪展不開，徒有時稀時疏的雨點，伴我筆墨的行流。這時如若寫到「莫聽穿林打葉聲」的東坡詞，眼前便有一名老者，閒適地踢著芒鞋伴著竹杖，教我走出夜雨的低迷。而在夜雨中，若親手捎一信給好友，文字便能變得超然熨貼，心靈也能感受到紙上字裏的蘊藉與靜好。

偶爾，在空閒間我仍喜歡留著一份手寫文字的空間給自己。在好友生日之時手書一封，便能傳遞最真切的溫暖。從古至今，人們總會把深切的心情注入紙上，當手寫的文字有了自己、古人、自然、萬物的連結時，「字」，就有了溫度。現下輕拂著桌上從遠方寄來的思念，我感受著墨色的脈動、字裡行間的溫熱心流，久久不能自己。

辛佩珊老師評語

娓娓陳述個人手寫時微妙的心情起伏，彷彿寫字時的點勾撇捺便是生活的呼吸吐納，直接呼應作家侯吉諒先生所謂手寫與心靈連結的觀點，於陳抒見解外，手寫體驗的摹寫，尤其細膩而動人！

五、利他精神的體察

（一）國寫參考試題

題目說明——我看尼古拉斯溫頓

小說《鹿王》裡提到一個故事：當鹿群遭受攻擊時，有一頭鹿會跳出來，犧牲自己以保全同伴，這樣的鹿才是天生的鹿王。鹿王的使命是守護其他生命，這份精神使牠得以成為鹿王。三浦展《第4消費時代》提到，在今後的消費社會裡，利他主義意識會不斷擴大。因為在資訊頻繁交流的時代，獨占資訊是沒有意義的，向他人傳播、分享才有樂趣。而共享的觀念也可能取代私有化，一樣東西要與許多人共同利用、重複利用，而不是由自己占有它。例如合租公寓、自由市集、共同勞動、創意交換等，都是利他精神的產物。

國寫參考試題中，「我看尼古拉斯溫頓」這道題目便是希望學生能體察利他的精神，書寫自己的體察。尼古拉斯溫頓是一位倫敦證券交易員，二次世界大戰期間以一己之力成立救援組織，幫助猶太兒童脫離納粹德國的威脅，前往英國尋覓安穩的棲身之所。而他低調、不張揚，顯然不是為了名和利才做這件事的。讀完這則故事後，題目要求考生以「我看尼古拉斯溫頓」為題，寫一篇文章，抒發感想與評論。

解題策略

寫作這道題時必須留意，題目要求的是感想抒發與評論，不是事件的重述，因此不能只是把溫頓的故事再講一次，而是要進一步的提煉感想，深入闡釋：

1. 提煉主旨：從尼古拉斯的行動中提煉一份主要的精神，並且化繁為簡，用簡短的話語表達出來，展現歸納總結的功力。例如尼古拉斯溫頓伸出援手卻又不居功的行為，可總結成「懷抱著堅毅的精神，謙卑而溫厚地付出力量」這段話。

2. 深入闡述：如果只是一味歌頌尼古拉斯溫頓的好，卻說不出好在哪裡，這樣的文章也過於籠統。因此陳述了尼古拉溫頓的主要精神後，接著必須將題目資料融合進文章之中，讓事蹟與精神相結合。比方提到謙卑的精神時，也可用這些事蹟來證：他從未向人提起，連妻子也是五十年後才在無意間發現。當英國女王在授予溫頓爵士爵位時，他只說自己是「被賜予了偉大」。

3.觸類旁通：可列舉相似或是相反的例子來烘托，也可採用比喻的手法，具體呈現溫頓的精神。當然也可以引述學術上對於利他主義的研究，使論述有所依據。

範文

我看尼古拉斯溫頓

蔡宗霖

偌大的城市，無邊的蒼穹，在轍亂旗靡的時空中——塗炭生靈敵不過熾虹的烈火。我們站在歷史的頂端往回一眺，是誰駭世驚俗地吞噬了孩童純真稚嫩的臉龐？再往冬夜的另一頭望，有一顆星和藹地照耀著蒼生——他是尼古拉斯．溫頓。

儘管深邃的死谷怎麼猖狂，他仍不懈地點亮旁人生命之火光。正是此般惻隱的情操，讓溫頓決定放棄愜意的瑞士度假之旅，並全心全意地投入救援猶太難民的行動中。捷克的大雪，好像有了春融的契機。

一碧萬頃之中，上頭的風殘酷地像浪一般排山倒海而來。但風愈凌厲，草根便抓得愈緊，頭也垂得愈低。「咬定青山不放鬆，立根原在破巖中。千磨萬擊還堅勁，任爾東南西北風。」敵人的攻勢再如何猛烈，溫頓仍依然懷抱著他那堅毅的精神，持續謙卑而溫厚地付出力量。

星辰的溫暖、草根的剛毅——溫頓的義舉照亮了斷垣中求生的靈魂。慢慢地、輕輕地，六百六十九個稚嫩的孩子得以在這股未知而偉大的力量中成長茁壯。他們何其有幸，能循著星辰的方向，擺脫這多舛的命運詛咒，逃出捷克那夜的熊熊戰火。

一直到那天的節目訪問，力量的泉源才得以湧現；生命交會的光亮，終在陰鬱的暗夜中劃出一道希望，灑落一地熠熠。罅隙中掙扎而出的嫩芽，回頭去和他們的母親相認——盈滿生之感動，溫存著人與人之間的那份善緣。溫頓的感動，我想是一種對道德、對人生的虔誠。雖然最初只是秉持著一種無所為而為的精神，他卻能自天涯最渺小的一隅煥發出淪肌浹髓的偉大。

無所求的樸實純厚使溫頓不引以為傲，功成而弗居的生命姿態，為大雪的歐洲綻放出一顆溫和而動人的熠熠星光。有人說尼古拉斯．溫頓改變了這個世界的溫度，但我認為他的堅毅與純粹，已為人性灌溉了謙卑的魔法。

辛佩珊老師評語

能在引文眾多資訊中擷取主要訊息，整合出個人對於尼古拉斯．溫頓的評論。在敘寫尼古拉斯．溫頓的事蹟時能進一步發揮情境想像，充分體會溫頓的道德勇氣及其謙虛不居功的難能可貴，最後歸結於其平凡中的不平凡，層次井然，敘寫深刻。

範文

我看尼古拉斯溫頓

楊維昕

在這社會裡有許多偉大的人：有人因雄厚的家世或財力而偉大，有人因在事業發展或學術研究上的成功而偉大；但真正能讓這個社會充滿正向能量的，卻是那些隱身人群或蟄居巷弄、行善不求人知的平民英雄。他們犧牲自己，成就他人的生命，為黑暗角落燃起一盞希望的燭火，而尼古拉斯溫頓更是其中的代表。

某年聖誕節，溫頓改變了前往瑞士滑雪的計畫，更改變了六百六十九位猶太兒童的命運。他在布拉格的三個禮拜，馬不停蹄地救援猶太兒童。回到倫敦工作之餘，也繼續為孩子奮鬥，在戰前用七班火車遷走了這數百名孩童，也為他們在英國找到安身之處，以遠離戰火。驚人的是這義舉在五十年後才被妻子發現而為人所知。即使被女王授予爵位，溫頓先生也謙稱自己是「被賦予了偉大」，還說做時不覺得了不起。但合抱之木，生於毫末，許多偉大的事都是從不起眼的小動作開始。

在臺灣也有位孩子的救星，為部落的小生命無私奉獻，那就是黃春華女士。她有次回到臺東家鄉，發現許多孩子因為種種因素，無法得到適當的照顧和教育。想為他們做點什麼的她，四處募款，創立了泰源書屋，提供孩子餐食以及課後輔導，甚至每天花數小時，載他們回到遠在山上的家。但層層考驗接踵而來，缺乏經費面臨倒閉、罹患癌症體力日衰，這些困境都讓她喘不過氣，擔心自己無法再看到孩子無憂的笑靨，更害怕他們再次陷入資源匱乏的泥沼。但她鍥而不捨，在義工團、丈夫和部落媽媽們的協助下，撐起了書屋，還帶著孩子種植咖啡樹，以義賣咖啡維持書屋運作，教導他們靠自己養活自己。一開始只想為孩子默默做點什麼，沒想到一做就是十八年。黃春華女士認為，能在有限的生命中，回到家鄉為族人做一件對的事，她此生也了無遺憾了，所以她誓願以殘生的餘溫陪伴孩子，繼續以精衛填海的精神為他們鋪向未來之路。

無論是黃春華女士，還是尼古拉斯溫頓先生，他們都用盡自己那份看似微薄的力量，為同鄉人乃至於素昧平生的外國人無私奉獻而不求回報。這份精神值得我們學習，如果每個人都願為他人付出，即使只是點點微光，也能匯集成璀璨著人性光輝的浩瀚星海。

閻愷玲老師評語

國寫這類題型，就是要求考生閱讀引文後，從中萃取內容旨意或主要精神，進而發表感想、論述觀點。

本文作者則觸類旁通舉相近事例，藉臺灣一位平凡女子奉獻鄉里，以烘襯尼古拉斯溫頓先生高貴的情操。但須注意行文時要緊扣主題，與溫頓先生「平凡英雄」、「功成不居」的形象貼合，才不致模糊焦點或偏離引文之旨意。

（二）延伸題型

試題——溫暖的心（一〇八年學測國寫試題）

甲

（陶潛）為彭澤令。不以家累自隨，送一力給其子，書曰：「汝旦夕之費，自給為難。今遣此力，助汝薪水之勞。此亦人子也，可善遇之。」（《南史・隱逸・陶潛傳》）

> 力：勞役、人力。
> 旦夕之費：日常的花費。
> 薪水：打柴汲水。

乙

飯後，眾人各自有事離去，留下貞觀靜坐桌前猷想。她今日的這番感慨，實是前未曾有的。

阿啟伯摘瓜，乃她親眼所見。今早，她突發奇想，陪著外公去巡魚塭，回來時，祖孫二人，都在門口停住了，因為後門虛掩，阿啟伯拿著菜刀，正在棚下摘瓜，並未發覺他們，祖孫二個都閃到門背後。貞觀當時是真愣住了，在那種情況下，是前進呢？抑是後退？她不能很快作選擇。

然而這種遲疑也只有幾秒鐘，她一下就被外公拉到門後，正是屏息靜氣時，老人家又帶了她拐出小巷口，走到前街來。

貞觀人到了大路上，心下才逐漸明白：外公躲那人的心，竟比那偷瓜的人所做的遮遮掩掩更甚！

貞觀以為懂得了外公的心意：他怕阿啟伯當下撞見自己的那種難堪。

事實上，他還有另一層深意，貪當然不好，而貧的本身沒有錯。外公不以阿啟伯為不是，是知道他家中十口，有菜就沒飯，有飯就沒菜。（改寫自蕭麗紅

《千江有水千江月》）

閱讀甲、乙二文，分項回答下列問題。

問題（一）：請依據甲、乙二文，分別說明陶潛對於人子、外公對於阿啟伯的善意。文長限一百二十字以內（至多六行）。（占七分）

問題（二）：陶潛或者外公對他人的善意，你可能也曾見聞或經歷過，請以「溫暖的心」為題，寫一篇文章，分享你的經驗及體會。（占十八分）

範文

溫暖的心

黃亮錡

（一）

陶潛的善意，在於能「不獨親其親，不獨子其子」，因而要求其子善待人子，每位人子都有著父母們的擔憂，這是為人父的陶潛所深知的。阿公對阿啟伯抱持著「能近取譬」同理心，設身處地體諒他在現實生活中的艱難，因而慷慨於自身辛勤得來的農作，不讓阿啟伯難堪，以表達己身最大的善意。

（二）

人心的溫暖，如陣陣春風，把人心吹離寒冷地帶，免受雙颶之苦；如和煦暖陽，化開窅冥，照亮人心深處的黑暗。

幾年前，親友因重病而在生命的懸崖邊掙扎，在醫院裡，我和父親都深陷於哀傷之中，卻只能無能為力地在病房外踱步。這時一名面容黝黑的外籍婦人拖著不堪的身軀來到櫃檯，以扭曲的面容向四周的人求救。此時眾人皆不諳英文——除了我。我急忙踩碎幾分鐘前的焦慮，飛奔至婦人身旁，眾人也都圍了過來。急迫的心情如同熾烈的火焰，將婦人的五官燒熔得焦灼變形。她指著腹部，淚水在眼眶裡打轉——原來是一個生命即將誕生。我將她唇瓣間滾燙的話語譯成了簡明易懂的詞句。眾人明白情況後，同心協力把婦人抬上病床休息，並趕緊找來醫護人員，深怕肚子裡的小生命在誕生前就殞落。

看著病床在眾人的護持下漸行漸遠，一股暖流瞬時湧上了咽喉。在婦人到來前的幾分鐘，空間裡充滿著憂慮的冰冷，醫院裡的每個人各自背負著生與死的重量。是人心的溫暖，溶化了冰層，大家願意暫時放下心中的焦急和哀傷，用己身最大的善，溫暖身邊的人，儘管彼此並不熟識。若當時眾人都只是掛念著內心的種種不安，被各自的沉枷重鎖鐐銬著，凍封於自己的冰層裡，不願伸出雙手，世上將可能喪失一個寶貴的生命。而我也體會到，自己也有能力成為那顆發光發熱的豔陽，讓善在我心中燃燒，照亮並暖和其他人。

善意，是牽繫在你我身上最鮮明也最幽微的一條紅繩。孟子曾提出由四端衍伸出的善，可以用來使家庭和睦、國家安康、邪辟之物不復存在；我認為這種善更能化回春風和暖陽，使每一個人都能感受人心的溫暖，使世上每一吋泥壤，都化為寧靜和煦的樂土。

林皇德老師評語

「你只想到你自己！」這句話曾在網路上流行一時。而這道一〇八年度的國寫試題，體現的正是「我不只想到我自己！」這也是儒家的恕道精神，己立立人，己達達人。

這篇文章最成功的地方，就是能把人、己的處境各自描繪出來，形成對比映照，使這份「不只想到我自己」的恕道精神清楚明白地顯現出來。在故事裡，亮錡首先描寫自己在醫院裡面對親友病危的焦急心情，並由此推衍至眾人的心境——每個在醫院裡或坐或立的人，都承受著一份難以言喻的重量。當語言不通的外籍婦人現身求援時，眾人紛紛相助，這就讓我們體會到：所有人都是先放下自己心頭的負荷，才得以伸出那雙溫暖的手。

本文不論在文字描寫或是在寓意闡發上，都蘊含這樣的特質：不只關照自己的心，也關照別人的心。文字與心意合一，正是這篇文章最亮眼之處。

試題——我看彼得・歐迪特

彼得．歐迪特第一次來到客戶家中時，被眼前的景象嚇了一跳。出來迎接他的是位中年人，衣著樸實，似乎是個勤勞的藍領階級。客戶打開爬滿了蜘蛛絲的大門，邀請彼得入內。彼得看到客廳裡滿佈著不知名的蟲子，天花板嚴重破損，他找不到可以坐下來的沙發椅。客戶似乎看穿了他的困惑，指了指一旁的摺疊椅，示意他可以坐那兒。

彼得在一家銀行擔任理財顧問，不久前接到這位客戶的電話，希望託管一筆約七萬美元的基金。這位客戶之前也曾接洽過銀行裡的另一位職員，但職員覺得他只不過是個廢五金買賣者，並不是什麼體面的人士，而七萬美元的資金也不算多，獲利有限，因此不願意把時間花費在他身上。相較之下，一般職員更感興趣的是「高淨值客戶」，這些客戶交給理財顧問操作的金額，甚至超過一億美金。

雖然這位客戶看起來財務狀況不佳，但彼得覺得，如果他有心要翻轉自己的人生，打造更好的未來，無論如何都應該幫助他。於是他開口詢問對方：「你要不要跟我聊聊你自己，看看我有什麼能得上忙的地方。」

客戶回答，他對車子很感興趣，自己也有一些收藏，接著便領著彼得走向屋後的車庫。車庫看起來佈滿灰塵，十分老舊。但走進去之後，彼得卻被眼前的景象嚇了一大跳。客戶所典藏的，全是稀有的古董名車，總價值難以估計。原來，他並不是位工人，而是老闆，他所經營的廢五金生意其實規模與利潤均十分龐大。這棟看起來破破爛爛的房子是他新買下的，正在整修、裝潢，總價高達一百四十萬美元。

在投資理財時，彼得總是把客戶的利益擺在首位，甚至願意犧牲自己和公司的利益，避免客戶有所損失。他處處為對方考量，讓客戶十分滿意，隔年便主動將支付給彼得的服務費提升一百倍。

一直以來，彼得就是這麼體貼而富有熱忱。他不把公司裡的其他同事看作是競爭業績的對手，而樂意為他們解決各種疑難雜症。甚至是還沒錄取的新手，彼得也願意花費心力與時間，動用自己的人脈協助他們謀職。

後來，彼得．歐迪特擔任澳洲一家財富管理公司的總經理，翻轉了整家公司

的獲利表現，還成為同業之中的第一名。（改寫自亞當．格蘭特《給予——華頓商學院最啟發人心的一堂課》）

請根據引文所述故事，以「我看彼得．歐迪特」為題，寫一篇文章，抒發你的感想與評論。

範文

我看彼得．歐迪特

黃奕嘉

在人格特質分類上，有約十分之一的人擁有犧牲自己以成就他人的天性，我們稱其為「利他精神」。更有研究指出，利他的基因是普遍存在於每個人身上，並且是人類演化上相當重要的一環；利他行為不只帶給人類族群安定，更是人類道德與精神進步的指標。然而現今社會卻頻見貪贓自利之事，抑或是諸多毫無同理心的惡劣言論。這令人不禁想：究竟人性善念的本源是否還存在？曾經和樂的社會該如何回歸真摯友善？

我認為人類善良利他的本質從未改變，只是社會結構與氛圍變了，利他行為不再備受推崇。現今多數人們只顧忙於自身，汲汲營營的往上攀爬；但在「眾昏之日」，仍舊有人能發揮人類難能可貴的利他精神。舉例來說，彼得．歐迪特在擔任投資顧問時，不在乎勞苦，更不問利益多寡，接下許多能幫助到人的苦差事。彼得能看見身邊需要幫助的人，並採取行動協助他們，甚至使對方也懂得關照他人，這就是人類薪火長久以來得以持續燃燒的原因：當那少數人願意點燃自己以照亮他人時，更多人也將願意奉獻，形成不斷輪迴的良性循環。憑藉著這良性循環，就算利他精神不再受人誇讚，他們依舊會不斷發著光，讓人們看見希望。

曾經我也是個自私自利的人，但是我漸漸懂得如何幫助他人。國小時，我因故未能搭上接駁車，被迫步行至補習班。但在路上有位老婦人隨機攔了位機車駕駛，請他載我過去。抵達目的地後，我在心中默默向婆婆與駕駛道謝，並思索著：為何我們素昧平生，他們卻要如此熱切的幫助我？犧牲自己幫助我有何意義？這些問題到現在都有了答案：「希望所有人都能夠更好。」高中以來我漸漸理解到孔子的仁人之心、孟子的性善論，甚至荀子性惡論、墨子兼愛非攻，其實都有個共同目標，也就是：要變得更好，不論是自己或是他人。盡一己之力協助他人，就算沒有回報也毫不在乎；又或者該說，能幫助到人就是最好的回報。一切只是很單純的希望別人可以過得幸福，而這些微小的善念，將落在被幫助者的心田上，開花結果。而我也正是因此而不再只看到自己，因為一路上所有拉過我一把的人們，他們的力量傳遞給了我，讓我也有力氣與信念去拉起人們、拉起世界。而這一切不為了什麼，只因為流淌於體內那助人利他的本源從未枯竭，更只因為純粹希望所有人的未來都能更加璀璨。

當我們體會到身邊的人們正在遭受苦難，我們應該試著伸出援手。從自己的心態改變起，世界也會跟著我們一起轉動，無私奉獻的光芒將照進灰暗的角落。就算依舊會起爭執，有人仍舊只在乎自己的利益得失，至少社會將不再那麼冷酷無情。因為有我們站出來，向需要的人伸出援手，打破這沉寂已久的糜爛風氣。人人都能成為彼得·歐迪特，只要多一點同理心，再多一點實際行動，就能成就和樂融融的美好世界。

陳曉薇老師評語

作者透過科學研究帶出主題，從理性角度探討人性中的「利他精神」，使文章讀來鏗鏘有力。

既然「利他精神」是本於人性的，何以在現今社會中我們難以感受到？針對這個問題，作者提出自己的經驗和觀察，並進一步提出改變社會的方法：由每一個人自身出發，不再只看到自己的利益，努力「希望所有人都能夠更好」。

作者以自身經驗演示了由「利己」至「利他」的歷程，並在文末營造出令人心嚮往之的「利他」桃花源。全文以理起筆，以情收束，饒富韻味。

範文

我看彼得．歐迪特

李承暘

幢幢的暗影暈黑城市熙來攘往的人群，使一個個臉龐蘸著濃濃的憂鬱。一棟棟高聳入雲的大樓，沒能成為渺小人類與上天溝通的媒介；一條條相互連通的道路，也沒能成為人與人溝通的橋樑。身處冷漠空氣瀰漫的灰色世界，我已失去關於亙藍的想像。然而，天上倏忽間出現一道亮光，劃破天地間的灰，倒入希望和愛的溶劑，溶解了憂傷和孤寂，這正是「超人」的誕生。

彼得．歐迪特正是超人的一種形象。他不同於一般的理財顧問總是鄙棄小客戶，而是以服務客人至上。不論階級高低，財務狀況好壞，都竭誠以對方利益為優先，甚至不惜犧牲自己和公司的利益。對待同事、屬下的態度更是令人佩服的五體投地。身處於業績為重的金融產業，同事間的高度競爭必然屢見不鮮，甚至出現互相搶單、謾罵、散布不實謠言……等惡性競爭現象。彼得．歐迪特不但沒有如此，還經常幫助工作上遭遇困難的同事，甚至動用人脈，無償幫助尚未被錄取的實習生開闢人生的道路，而非以前輩的姿態打壓後進。

身為知識分子不應枯等超人的誕生，而是應竭盡心力精進自我能力，努力成為超人。而我總是耐心地以多方觀點破題，一步步仔細講解，不吝嗇教導他人，也提供相關類題舉一反三。每當同學露出恍然大悟的神情時，我不僅感受到莫名的成就感，更感受到自身存在的價值。未來踏入職場，希望不論從事任何行業，都能效法歐迪特的精神，繼續保持純粹利他的初衷，使身旁的人都能感受到溫暖的希望。

世間本是循環，人生亦然。尼采深知渺小如沙礫，只能滿腔悲憤的走向命運為其安排的道路，別無選擇。而等待「超人」的誕生，成為對於命運的無聲抗議。然而，不需枯等超人的誕生，只要人人都導入社會一點愛與關懷和幫助，積少成多，不論多濃烈的憂傷和孤寂，都能全數溶解，造就愛與和平的國度。

林文瑜老師評語

這篇情意題「我看彼得．歐迪特」是仿國寫試題中「我看尼古拉斯溫頓」，都是從一個平凡人物感受出不平凡的利他精神。因為界定在情意題，所以必須著重在心靈層面的感受，避免只有評論人物行為的重要性或所造成的影響性。

這類「我看……」的題目在文章第一段及第二段一定要把文章中人物的精神提煉出來，可以從人物中的時代背景引導出其不平凡的精神，如尼古拉斯溫頓是在二次世界大戰期間的一位平凡的證券交易員；而彼得．歐迪特是在資本主義之下講求效率與業績的小小理財顧問，如此才能體現他們不平凡的精神。而第三段最好能舉個人經驗或所處的環境來抒發己身的感受，而情意的體會是著眼於與大我、社會有關的情感。結筆可以以譬喻或一種情境與人物的利他精神做觸發聯想，使文章有一些想像的美感與餘韻，符合情意題的寫作方向。

承暘的文章是以情境起筆，以氛圍總結，前後呼應，首尾綰合。用辭上較字斟句酌，想營造出文章的華美感與格局。對人物風範的敘寫是以對比手法呈現出不平凡的利他精神，也能適切引用自身事例來體現這份服務精神，及己之渴望與人生的追求。行文方式頗符合此類情意題的方向。

六、生命的想像與感悟

（一）國寫參考試題

題目說明

日本趨勢觀察家三浦展發現：「什麼樣的自己才是真正的自己，自己究竟想變成什麼樣子，越來越多人找不到這些問題的答案了。」現實中的我們，常常也會思考：什麼東西會吸引我？我需要什麼樣的養分？未來想走上哪一條路？什麼樣的人生才算是有意義的？

尋找自己、塑造自己，是一段漫長的旅程，也是我們終其一生都必須面對的任務。

大考中心試辦的國寫測驗中，便以「花開花謝」為題，要求同學先解讀王維〈辛夷塢〉、鹿橋〈幽谷〉，體會其中含意，而後設想如果自己是一朵花，會希望有什麼樣的生命過程與生命結果。

王維〈辛夷塢〉：「木末芙蓉花，山中發紅萼。澗戶寂無人，紛紛開且落。」鹿橋〈幽谷〉則描述一株小草得到了花天使的特許，可以自由選擇要開什麼顏色的花。但她不斷決定後又放棄，最後尚未開放就已枯萎。

這一題其實就是藉由花的想像，來呈現自己的人生觀。一個人究竟該為了什麼而活？你希望成為一個什麼樣的人？如果你希望做自己，那什麼才是「自己」？

解題策略

出題者將王維〈辛夷塢〉與鹿橋〈幽谷〉這兩則詩文並列在一起，而解題者必須找到這二者之間所存在的關聯或共同命題，解讀才能深刻。辛夷花在山中自開自謝，無論是盛開時璀璨嫣紅的樣貌，或是凋零時墜落塵泥的景況，都沒被看見。這代表：就算沒人看見，她也仍然安度自己的人生。鹿橋筆下的小草，在紛然雜陳的顏色間猶豫不決，最終枯萎。或許，小草所代表的，正是沒有自我的人。在他的心中，沒有自我認定的顏色，不曉得該成為什麼模樣，不明白什麼才是「自己」。

掌握了「做自己」這個主題，那就更能體會題目為什麼要我們想像自己是一朵花，寫出自己希望的生命過程與生命結果。題目正是要我們好好想一想：什麼才是「自己」？自己希望擁有什麼樣的人生？

要答好這道題目，首先要有敏銳的感受力與想像力，仔細捕捉季節中花朵開放與凋謝的情景；其次要有細緻的描寫功力，用文字代替顏彩，在稿紙上描繪花開與花謝的景象；最後則要有深刻的體悟，沒有深入思考過人生，不可能答得好這一題。

不得不說，大考中心真的出了一道難題給我們。或許，我們該把這個問題放在心中，然後收拾行囊，毅然踏上人生的旅程，沿途好好觀賞每一片風景，才有可能真正回答這道人生的大哉問。

範文

花開花謝

許永凌

「澗戶寂無人，紛紛開且落。」王維在〈辛夷塢〉中提到芙蓉花就算在無人欣賞的環境，還是會盛開而後凋零，他的旨意很可能是告訴我們不用過度在意他人的眼光，不用因為沒有人讚賞而放棄自己本來擁有的價值。鹿橋在《人子．幽谷》一文中則是說到蓓蕾開花的故事，那遲遲不做決定而終至枯萎的花苞是在告訴我們應該勇敢的對未來做出選擇，而不是躊躇不前。

若說我是一朵花，我甘願成為鳳凰花，即便花開之前不會引起人們的注意，路過的行人只把我當成普通的行道樹，但我仍努力向上生長，以無垠的天際為目標，不斷超越自我，因為烈火般的花開是我存在的價值，我終將綻放樹梢，為大地帶來換季的新意。當其它花朵在溫室裡生活，我會為眾人撐住陽光，讓更多花苞綻放，也讓人們看見我在烈陽下閃耀的美。我也將唱著歷史的詩歌，提醒人們在很久很久的以前，日本人是如何來到此地，種下我的族人，並深深影響這裡的文化。最後，我會從樹梢飄落，種子成為孩童手中的拔河玩具，柔軟的花瓣會鋪滿土地、化作汙泥，為下一次花開犧牲、奉獻。

鳳凰花的一生從不引人注目的樹開始，它不為人們的欣賞而綻放，自有開花的意義，為了訴說歷史、為了完美的綻放，最後，為了孩子的歡笑。如果可以，我甘願是一朵鳳凰花。

馬蕾萍老師評語

首段符合題幹要求，先予以詩文進行評語，且言簡意暢；第二段亦以「花」的代言法，期許自為鳳凰花的使命——為眾人撐住陽光，讓更多花苞綻放，再從文化歷史的背景談鳳凰花的深植最後化作汙泥更護土的奉獻精神，以凸顯鳳凰花，花開花謝的生命價值——自我存在的價值。

（二）延伸題型

試題——季節的感思（一〇七年學測國寫試題）

你在傾聽小魚澼濺的聲音
張望春來日光閃爍在河面
微風吹過兩岸垂垂的新柳
野草莓翻越古岩上的舊苔
快樂的蜥蜴從蟄居的洞穴出來
看美麗新世界野煙靄靄——
在無知裡成型。你在傾聽
聽見自己微微哭泣的聲音
一片樹葉提早轉黃的聲音（楊牧〈天〉）

請閱讀上列詩作，分項回答以下問題。

問題（一）：詩中有聲音的傾聽，有視覺的張望，也有快樂與哭泣。作者描寫春天的美麗新世界，但詩題為何命名為〈夭〉？請從詩句中的感官知覺與情感轉變加以說明。文長限一百二十字以內（至多六行）。（占七分）

問題（二）：普魯斯特（Proust, M.）在《追憶逝水年華》中說：「一小時不僅僅是一個小時，它是一只充滿香氣、聲響、念頭和氛圍的花缽」，說明時間的認知與感官知覺及感受有關。楊牧的〈夭〉透過感官描寫，傳達季節的感知，請以「季節的感思」為題，寫一篇文章，描寫你對季節的感知經驗，並抒發心中的感受與領會。（占十八分）

範文

黃亮錡

（一）夭

「夭」有著早逝的意思，是正當一切皆美好之時，突如其來、猝不及防的頹衰。詩的前半極力渲染春天的美麗新世界，卻在「無知」兩字急轉直下，翻轉了明媚的春光。由聽見「早夭」的葉片轉黃，與前方看見的新柳、野莓等勝景形成強烈對比，也更烘托出早逝的悲涼。

（二）季節的感思

經歷了十七年的春去冬來，我發現自己變得愈來愈在乎四季的遞嬗了。

童年的我對於季節的感覺，也不過是父母在耳邊的嘮叨：冬時要我穿暖，夏時要我保持涼爽。我心裡想著：反正人一生中有如此多的春夏秋冬，哪需在意一片樹葉啥時盛綠、啥時萎黃、然後掉落呢？

而今卻不同了！什麼時候，我竟害怕起這種變化，因為它開始加速，快得使我驚慌不已。我開始在意路旁阿勃勒的花開花謝，開始聆聽何時夏蚊成雷，開始感受北風的冷冽，甚至在一次的登山，我看見漫山遍野的油桐花盛開，內心竟有種莫名的感動泉湧而上，「五月雪」覆蓋滿山遍野，無聲宣告了春天的壯麗繽紛。一絲突如其來的想法——不久後入冬，這裡將成了滿山的敗葉殘枝，那時便不會有現在的鶯啼鳥囀和宜人春風，這想法把我拉回了惆悵：可能我的人生就像是四季，在轉瞬間成了一片蒼茫虛無。

但轉個念，我何須如此懼怕虛無呢？

四時皆能有好景，只是我是否願意去體會，春暖花開，夏陽高照，秋高氣爽，冬日映雪。若我一味偏愛著春的生機盎然，是無法體會冬的另一番風景的。人生亦如此，當我愛上了蒼茫虛無中的美景後，時間是否如白駒過隙便與我無關，因為我時刻在享受著，自許能像蘇軾一樣在人生的盛衰中，也能策馬吟嘯徐行。

夏蟬再度鳴起，我會情不自禁的向外探頭。看看那記憶中的敗枝，是否再度盛綠。四時之景依舊，但我將不再感傷。這次我將鼓起勇氣，去尋覓那個在我心中萌芽的——下一季的生命風景。

陳惠卿老師評語

（一）「夭，有著早逝之意」，作者下筆先鎖定「『夭』的定義」，繼而分析此詩，作者抓住詩中「無知」兩字是本詩的轉折處，「『無知』兩字突如其來，翻轉了明媚的春光」一句，承上啟下，成功地在 120 字以內，回答題目的要求。

（二）首段下筆簡潔有力，對四季的遞嬗，由不經意轉成「愈來愈在乎」引發讀者想一窺究竟。第二段、第三段闡釋由不經意轉成愈來愈在乎的關鍵是：一次登山賞「油桐花」的經驗，完全改觀他對四季的看法。第三段末「我的人生就像四季，再轉瞬間，繁花盛景成了一片蒼茫虛無」，由四季轉出對人生的感悟。接下來「我何須如此懼怕虛無」，揮走對未來人生的不安。第五段說明無須懼怕的理由，並自許效法蘇軾的「策馬吟嘯徐行」的精神。結尾展現勇敢面對未來的人生，再創一個豐富的生命風景。

全文呈現作者細膩的感情，敏銳的觀察力。感情真摯，一氣呵成。用語明亮，自然有致。

範文

季節的感思

林郁晉

風起，復靜。

輕風從日出之東蘸著幾分柳色，暈過被寒冬固化的大地，挾著幾封淡香，越過千山萬水，輕輕地交落在我手上。信上指著楊柳飲水之處，要我前去見妳。上次見如此活潑的妳，是沉睡的寒冬之前，洛水之濱。如此與妳相偕，花香鳥語為妳合音，陽光之和煦是妳最令人無法自拔的笑靨，天地也為妳微笑。

東君初來，微風跟著妳的淘氣變奏，時而低深長吟，只留下日趨熾盛的陽光伴著我們的足跡；或時而加劇，吹得遍地的青草不得不俯首彎腰，吹得濂溪先生也無法為蓮兒落款。妳瞧見了清風的淘氣與萬物的活潑，也不自覺地調皮了起來。七夕那日，妳偷偷地從碧落之處取了一夜的清水，沖落藍橋，只留給織女牛郎蛙聲一片。天真的妳，怎麼會明白織女眼中的無奈與惆悵呢？我只好代妳向她道歉，許她下一個七夕。

清風漸漸收斂了那份不羈的淘氣，或許瞧見了妳的倦態，只一逕緩緩吹著蕭瑟的音符。妳揉著惺忪的睡眼，不小心擦落了幾滴淚。而那淚珠就留給遷客去承受，騷人去弄墨。而我知道，妳是時候該踏回妳的歸宿了，便拉著妳的手，走向雨落後的夕陽。步過千年前元亮的東籬，妳問著南山下秋菊為何如此悵然？良久，西風颯過，眼前一片雛菊依舊默然。而陽光知曉妳的疲憊，也不再熾然，反而暖暖地包住我們。妳最終依在我身上，雙唇囁著幾些字，此刻我們正感受著世界的連結，在南山之下，日落之西。睡吧！我說。

微風蜷曲在世界的角落，大地鋪滿了幾分清寒。我仍步在洛水之濱，望著江上的孤舟人影，潑墨似的世界只留予我黑與白，梅花在江畔凝了世上的美，真希望妳也能見見！河岸石礫上只留有我的足音點著世界的寧靜，步步單音。如何讓妳也能見見此刻的美？清江河畔上，我找了一棵最親水湄的梅樹，撰下此刻的心情與我們的故事。寒風之中，梅樹屹立，年年月月也不曾消逝在皚皚白雪中，逼得三尺冰寒也絕不了版；而上卷是梅樹與他的白雪戀人，下卷是我們，年年月月輕慢了的妳的笑靨。

風起復靜間，妳就是四季的生息，此刻我不感傷妳的逝去，因為我知道，明年風仍會捎來妳的笑顏。

辛佩珊老師評語

敏銳感知季節流轉的不同風情，並細膩刻畫個人對於四季的眷戀，筆觸多情而繾綣，令人也不禁神往。唯末段因感懷季節而生的思悟，僅止於來年的期盼之情，稍嫌不足，可在面對年歲更迭之情上再多加著墨。

精準命中！國寫全面解析

主編	臺南一中國文科教學研究會 李育彥、辛佩珊、吳文耀、林文瑜、林佩苓、林皇德、孫紹華、殷念慈、馬薈萍、張力中、梁佳雯、陳秀枝、陳亭夙、陳姿綉、陳禹齊、陳浥瑗、陳婉玲、陳惠卿、陳曉薇、黃子容、黃大倬、廖翊恬、歐美瑩、閻愷玲、蔡柏毅（依姓名筆畫排列）
社長	陳蕙慧
主編	陳瓊如
行銷企畫	李逸文、姚立儷
內頁設計	陳宛昀
封面設計	白日設計
排版	宸遠彩藝
讀書共和國社長	郭重興
發行人兼出版總監	曾大福
出版	木馬文化事業股份有限公司
發行	遠足文化事業股份有限公司 地址 231 新北市新店區民權路 108-2 號 9 樓 電話 (02)2218-1417 傳真 (02)2218-0727
Email	service@bookrep.com.tw
郵撥帳號	19588272 木馬文化事業股份有限公司
客服專線	0800-221-029
法律顧問	華洋國際專利商標事務所 蘇文生律師
印刷	呈靖印刷股份有限公司
初版一刷	2019 年 03 月
初版三刷	2019 年 10 月
定價	320 元

國家圖書館出版品預行編目

國寫全面解析 / 臺南一中國文科教學研究會主編 . -- 初版 . -- 新北市 : 木馬文化出版 : 遠足文化發行， 2019.3
面；　公分
ISBN 978-986-359-648-6(平裝)

524.313　　108002512